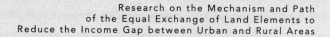
Research on the Mechanism and Path
of the Equal Exchange of Land Elements to
Reduce the Income Gap between Urban and Rural Areas

土地要素平等交换对缩小城乡收入差距的作用机理及路径研究

吴杨 王亮 著

中国科学技术大学出版社

内容简介

本书通过大量统计数据的收集和典型地区的实地调研,从户籍制度、土地产权制度、土地市场化、人力资本及经济增长等因素出发,剖析我国城乡收入差距的影响因素。从产权、收入分配、二元结构、市场体制等因素入手,探求我国农村土地要素平等交换的影响因素;通过揭示土地要素平等交换的运行机制及其与其他要素的关系,阐释土地要素平等交换作用于缩小城乡收入差距的内在机理。明确农民土地产权;以资源优化配置为原则,建立以市场为主导的土地要素交换机制;从农村土地流转、政府土地征收、宅基地制度改革及集体经营性建设用地流转等方面入手,创建土地要素平等交换的系统路径。

本书可供农业经济研究者、农村工作者、农业生产者及三农领域教育工作者参考。

图书在版编目(CIP)数据

土地要素平等交换对缩小城乡收入差距的作用机理及路径研究/吴杨,王亮著. —合肥:中国科学技术大学出版社,2020.1
ISBN 978-7-312-04652-0

Ⅰ.土… Ⅱ.①吴… ②王… Ⅲ.居民收入—收入差距—城乡差别—研究—中国 Ⅳ.F126.2

中国版本图书馆 CIP 数据核字(2019)第 052227 号

出版	中国科学技术大学出版社 安徽省合肥市金寨路 96 号,230026 http://press.ustc.edu.cn https://zgkxjsdxcbs.tmall.com
印刷	安徽省瑞隆印务有限公司
发行	中国科学技术大学出版社
经销	全国新华书店
开本	710 mm×1000 mm 1/16
印张	10.5
字数	195 千
版次	2020 年 1 月第 1 版
印次	2020 年 1 月第 1 次印刷
定价	50.00 元

前　言

农业农村农民问题是关系国计民生的根本性问题,必须始终把解决好"三农"问题作为全党工作的重中之重——党的十九大报告发出实施乡村振兴战略的号召令。目前,我国正处于全面建成小康社会的关键时期,而城乡居民收入差距过大是造成城乡小康差距的关键因素。土地是财富之母(威廉·配第),土地要素是影响城乡收入差距的最主要因素。由于我国农村集体土地产权制度不稳定、地方政府干预和市场自身发育程度低等原因,农村集体土地流转市场发展比较缓慢,从而阻碍了农村集体土地资源的有效配置。土地要素交换不平等导致农村资源过多地流向城市,土地净收益流入城市和工业,与利益相关方的利益关系密切相连的土地产权制度亟待改革和完善。

因此,研究土地要素平等交换对缩小城乡收入差距的作用机理,可为我国农村土地产权制度及土地交易制度改革提供理论支撑;基于土地要素平等交换设计缩小城乡收入差距的路径,有利于实现城乡一体化,实现城乡经济社会良性发展,对解决"三农"问题、实施乡村振兴战略、建设人与自然和谐共生的农业现代化具有重要意义。通过建立公平的土地制度和交换机制,可以为农村土地要素的平等交换创造条件,有利于其他要素由城市向农村良性流动,为政府制定相关政策提供决策参考。

本书通过大量统计数据的收集和典型地区的实地调研,从户籍制度、土地产权制度、土地市场化、人力资本及经济增长等因素出发,剖析我国城乡收入差距的影响因素;从我国北部、中部和东部抽取样本,从征地范围、征地程序、征地用途、征地补偿等方面出发,研究我国农村土地要素的交换现状;从产权、收入分配、二元结构、市场体制等因素入手,探求我国农村土地要素平等交换的影响因素。

本书在总结发达国家土地要素平等交换对缩小城乡收入差距的经验、做法的基础上得到启示,进而基于1987年以来的相关数据,从我国北部、中部、东部地区抽取样本,运用弓箭弦靶理论模型揭示土地要素平等交换的运行机制及其与其他要素的关系,阐释土地要素平等交换作用于缩小城乡收入差距的内在机理。在此基础上提出土地要素平等交换的路径：在完善现行土地制度的基础上，明确农民土地产权；以资源优化配置为原则，建立以市场为主导的土地要素交换机制；从农村土地流转、政府土地征收、宅基地制度改革及集体经营性建设用地流转等方面入手，创建土地要素平等交换的系统路径，促进其他要素由城市向农村良性流动，实现缩小城乡收入差距的目标。

  本书的创新之处在于：一是在有效解决土地公平交换度的科学测度的基础上，建立多元回归模型，在有效分离经济发展程度等控制变量的影响后，着重考察了土地市场化水平对被解释变量——以城乡收入比衡量的城乡收入差距的影响大小、方向及显著性水平；二是构建了土地要素平等交换的弓箭弦靶理论模型，分析了土地要素平等交换作用于缩小城乡收入差距的内在机理；三是设计了土地要素平等交换对缩小城乡收入差距的系统路径。

  由于笔者学识水平有限，对于有些问题的研究还不够深入，书中难免存在瑕疵，敬请读者批评指正。

吴 杨
2019 年 9 月

目 录

前言 ……………………………………………………………………（ⅰ）

第一章 概述 ………………………………………………………（1）
  一、研究背景及意义 ……………………………………………（1）
    （一）研究背景 ………………………………………………（1）
    （二）研究意义 ………………………………………………（3）
  二、文献评述 ……………………………………………………（3）
    （一）关于城乡收入差距的研究 ……………………………（3）
    （二）关于土地要素交换的研究 ……………………………（4）
    （三）关于土地要素平等交换对缩小城乡收入差距的作用机理及路径
        的研究 ……………………………………………………（5）
    （四）其他方面的研究 ………………………………………（6）
  三、研究范围 ……………………………………………………（6）
  四、研究思路、方法、内容及创新点 …………………………（11）
    （一）研究思路 ………………………………………………（11）
    （二）研究方法 ………………………………………………（11）
    （三）研究内容 ………………………………………………（12）
    （四）创新点 …………………………………………………（13）

第二章 城乡收入差距现状、效应及影响因素 …………………（14）
  一、我国城乡收入差距历史回顾 ………………………………（15）
  二、我国城乡居民的收入结构分析 ……………………………（19）
    （一）农村居民收入来源 ……………………………………（19）
    （二）城镇居民收入来源 ……………………………………（20）
    （三）城乡居民收入结构比较 ………………………………（21）
    （四）城乡收入内部结构差距分析 …………………………（23）
  三、城乡收入差距的风险 ………………………………………（25）

（一）经济风险 …………………………………………………（26）
　　（二）社会风险 …………………………………………………（27）
　　（三）生态风险 …………………………………………………（28）
　四、城乡收入差距的影响因素 ………………………………………（29）
　　（一）户籍制度 …………………………………………………（29）
　　（二）土地产权制度 ……………………………………………（29）
　　（三）土地市场化 ………………………………………………（31）
　　（四）人力资本 …………………………………………………（32）
　　（五）经济增长 …………………………………………………（33）

第三章　我国土地制度的演变及土地要素交换典型案例分析 ………（35）
　一、我国土地制度的演变及启示 ……………………………………（35）
　　（一）我国土地制度的演变历程 ………………………………（36）
　　（二）我国土地制度演变的启示 ………………………………（39）
　二、我国土地要素交换典型案例分析及启示 ………………………（44）
　　（一）安徽省铜陵市义安区 ……………………………………（44）
　　（二）安徽省六安市金寨县 ……………………………………（50）
　　（三）内蒙古自治区呼和浩特市和林格尔县 …………………（52）
　　（四）浙江省湖州市德清县 ……………………………………（55）
　　（五）我国土地要素交换典型案例的启示 ……………………（61）

第四章　土地要素平等交换对缩小城乡收入差距的作用机理 ………（64）
　一、我国城乡间生产要素的交换状况 ………………………………（65）
　　（一）生产要素的构成 …………………………………………（65）
　　（二）生产要素的价格决定 ……………………………………（66）
　　（三）生产要素的交换现状 ……………………………………（67）
　二、土地要素平等交换的弓箭弦靶理论模型 ………………………（69）
　　（一）土地是土地相关活动的载体——弓 ……………………（70）
　　（二）土地要素交换是衍生于土地之上的平等性活动——箭 …（71）
　　（三）土地要素交换保障机制是保证平等性的定位器——弦 …（73）
　　（四）平等交换是土地要素交换的最终目标——靶 …………（74）
　三、不同类型土地要素交换形式对缩小城乡收入差距的影响 ……（75）
　　（一）农用地流转方式金融创新对缩小城乡收入差距的影响
　　　　　——以安徽省为例 ………………………………………（75）
　　（二）宅基地置换对缩小城乡收入差距的影响 ………………（84）

（三）政府征地对缩小城乡收入差距的影响 …………………… (86)
　　（四）农村集体建设用地入市对缩小城乡收入差距的影响 …… (89)
　四、基于收入分配效应的土地要素平等交换的作用机理 ………… (94)
　　（一）土地要素平等交换的财产增值效应 …………………… (94)
　　（二）土地要素平等交换的社会福利平衡效应 ……………… (96)
　　（三）土地要素平等交换的要素收入规模效应 ……………… (97)
　　（四）土地要素平等交换的收入初次分配效应 ……………… (98)

第五章　土地要素平等交换对缩小城乡收入差距的实证研究 ………… (100)
　一、我国城乡收入差距的原因分析 ………………………………… (101)
　　（一）我国城乡收入差距的原因 ……………………………… (101)
　　（二）我国城乡收入差距扩大的经济学解释 ………………… (102)
　二、城乡土地要素交换的福利效应模型 …………………………… (103)
　　（一）完全竞争情形 …………………………………………… (104)
　　（二）引入政府对土地市场的垄断因素 ……………………… (105)
　　（三）引入土地资源的外部性 ………………………………… (106)
　三、土地要素平等交换对缩小城乡收入差距的影响——基于省际面板
　　　数据的计量检验 ………………………………………………… (107)
　　（一）变量选取及数据源 ……………………………………… (107)
　　（二）计量模型设计和研究假设 ……………………………… (108)
　　（三）模型回归结果 …………………………………………… (109)
　四、简单结论和政策启示 …………………………………………… (111)

第六章　发达国家土地要素交换对缩小城乡收入差距的经验及启示
　　　………………………………………………………………… (113)
　一、美国 ……………………………………………………………… (113)
　　（一）美国土地要素交换的基本情况 ………………………… (113)
　　（二）美国土地要素交换的基本特点 ………………………… (115)
　　（三）美国土地要素交换的启示 ……………………………… (116)
　二、日本 ……………………………………………………………… (118)
　　（一）日本土地要素交换的基本情况 ………………………… (119)
　　（二）日本土地要素交换的基本特点 ………………………… (121)
　　（三）日本土地要素交换的启示 ……………………………… (123)

第七章　土地要素平等交换下缩小城乡收入差距的路径创新 ………… (126)
　一、路径选择的指导思想 …………………………………………… (127)

（一）政府引导与市场机制相结合 …………………………（127）
　　（二）公共利益与农民权益相平衡 …………………………（128）
　　（三）顶层设计与因地制宜相协调 …………………………（130）
二、路径选择的制度保障 …………………………………………（131）
　　（一）产权制度保障 …………………………………………（131）
　　（二）主体制度保障 …………………………………………（132）
　　（三）分配制度保障 …………………………………………（134）
　　（四）救济制度保障 …………………………………………（135）
三、路径选择的实践方式 …………………………………………（136）
　　（一）建立健全宅基地使用权和农用地承包经营权确权登记颁证制度
　　　　……………………………………………………………（136）
　　（二）构建土地流转的有形市场和信息平台 ………………（137）
　　（三）探索土地要素平等交换的多种实现方式 ……………（137）

第八章　结论和研究展望 …………………………………（143）
一、主要结论 ………………………………………………………（144）
二、研究不足与研究展望 …………………………………………（146）

参考文献 …………………………………………………………（147）
后记 ………………………………………………………………（157）

第一章 概 述

一、研究背景及意义

（一）研究背景

我国现阶段的农村土地家庭承包经营制度是在20世纪80年代初期确定的。受国情影响，我国属于传统农业大国，因而这一制度设计偏重于农民的生存、就业和社会保障等传统的农村土地功能。在当时的背景条件下，这一制度使农民的生产积极性得到了充分释放，创造了用占世界1/30的土地养活了占世界1/5的人口的奇迹，出现了农村经济的短期辉煌。但是，随着社会的进步和农业生产力水平的提高，特别是农业产业化的不断发展对土地集约化程度的要求不断提高，如何在充分发挥好土地生存保障功能的前提下开展适度规模经营，其出路在于搞好土地的合理流转。而农业产业化的发展，将在更大程度上提高土地产出率和劳动生产率，实现农村社会的再分工，使更多的农民从土地中分离出来，为农村土地更大规模的流转和平等交换提供了可能。

党的十八大报告明确提出，要加快推进城乡基本公共服务均等化，促进城乡要素平等交换。党的十八届五中全会指出："维护进城落户农民土地承包权、宅基地使用权、集体收益分配权，支持引导其依法自愿有偿转让上述权益。"其意思就是在坚持农村土地集体所有的前提下，农村户籍与农村"三权"（农民土地承包权、宅基地使用权、集体收益分配权）脱钩，农民进城不取消"三权"，"三权"可以自愿有偿转让。

党的十九大报告发出了实施乡村振兴战略的号召令。农业农村农民问题是关系国计民生的根本性问题，必须始终把解决好"三农"问题作为全党工作的重中之重。要坚持农业农村优先发展，按照产业兴旺、生态宜居、乡风文明、治理有效、生活富裕的总要求,建立健全城乡融合发展体制机制和政策体系,加快推进农业农村现代化。巩固和完善农村基本经营制度,深化农村土地制度改革,完善承包地"三权"分置制度。保持土地承包关系稳定并长久不变,第二轮土地承包到期后再延长30年。深化农村集体产权制度改革,保障农民财产权益,壮大集体经济。确保国家粮食安全,把中国人的饭碗牢牢端在自己手中。构建现代农业产业体系、生产体系、经营体系,完善农业支持保护制度,发展多种形式适度规模经营,培育新型农业经营主体,健全农业社会化服务体系,实现小农户和现代农业发展有机衔接。党的十九大报告为乡村振兴擘画出新坐标,无疑这是一个系统工程。

土地是财富之母,土地要素是影响城乡收入差距的最主要因素。由于我国农村集体土地产权制度不稳定、地方政府干预和市场自身发育程度低等原因,农村集体土地流转市场发展比较缓慢,从而阻碍了农村集体土地资源的有效配置。土地要素交换不平等导致农村资源过多地流向城市,土地净收益流入城市和工业,与利益相关方的利益关系密切相连的土地产权制度亟待改革和完善。必须给农民产权,最重要的是实施土地确权制度,必须彻底改革农村土地制度,使农民有获得财产性收入的制度条件。新时期农村土地流转模式构建是提高农民收入、促进农业增产、落实城乡统筹战略的重要内容。借鉴参考有关经济学理论,创新完善流转方式,才能有效推动农村改革与发展。

小康不小康,关键看老乡。我国要全面建成小康社会,没有农村的全面小康,毋谈全国的全面小康。目前,我国正处于全面建成小康社会的关键时期,而城乡居民收入差距过大是造成城乡小康差距的关键因素。这不仅成为市场经济持续健康发展的障碍,而且影响社会的公正和稳定。统筹我国城乡发展,缩小城乡居民收入差距,是推动农村与城镇同步实现全面小康的重要路径。对城乡居民收入巨大差距形成的原因,长期以来许多专家和学者做了大量的研究,归纳起来主要有二元结构说、地域差异说、国民待遇差异说、资源禀赋差异说、观念差异说等。总之,我国城乡发展的巨大差距是长期以来各种因素综合作用的结果,但无疑土地要素交换是影响城乡收入差距的主要因素。建立归属清晰、权能完整、流转顺畅、保护严格的农村集体产权制度,是激发农业农村发展活力的内在要求。依法保障农民的土地承包经营权、宅基地使用权、集体收益分配权,通过明确农民土地产权,为提高农民土地增值收益分配比例提供重要保证。

（二）研究意义

目前城乡收入差距问题已成为我国面临的一个重大社会问题。过大的城乡收入差距不仅成为市场经济持续健康发展的障碍，而且影响社会的公正和稳定。因此，分析城乡收入差距形成的原因，探索城乡统筹发展的思路，对构建和谐社会具有十分重要的理论价值和深远的现实意义（彭剑君等，2011）。缩小城乡收入差距是全面建设小康社会的内在要求，是实现城乡经济社会良性发展的必然条件，是构建和谐社会的重要举措，是解决"三农"问题的根本途径。

党的十八大报告指出，应加快完善城乡发展一体化体制机制，促进城乡要素平等交换和公共资源均衡配置，形成以工促农、以城带乡、工农互惠、城乡一体的新型工农、城乡关系。要尊重和保障农户生产经营的主体地位，培育和壮大新型农业生产经营组织，充分激发农村生产要素潜能（中央一号文件，2013）。通过明确农民土地产权，为提高农民土地增值收益分配比例提供重要保证；通过对土地要素平等交换作用于缩小城乡收入差距机理的研究，为我国农村土地产权制度改革提供理论支撑；通过建立公平的土地制度和交换机制，为农村土地要素的平等交换创造条件，促进其他要素由城市向农村"逆向流动"，为政府制定缩小城乡收入差距的政策提供决策参考。

二、文献评述

国家统计局公布的数据显示，我国的城乡收入差距经历了一个"U"字形发展路径。2002年以来，我国城乡收入比一直在"3"以上，到2014年该数值首次降至"3"以下，为2.92。而按照城镇工资统计，高收入行业和低收入行业大概有4倍以上的差距。城乡收入差距影响消费需求（Murphyetal，1972），从而降低资源配置效率（茶洪旺，2011），成为制约我国经济增长的瓶颈（王德文，2009），最终影响社会和谐稳定（Venieris, Gupta, 1994; Alesina, Perotti, 1994; 刘为勇, 2004）。目前，从土地要素平等交换视角研究城乡收入差距问题的成果还未见发表，而与本研究密切相关的成果主要集中在以下几个方面。

（一）关于城乡收入差距的研究

一是城乡收入差距的效应。城乡收入差距成为制约我国经济可持续发展与扩大内需的瓶颈（刘章发，2011），影响经济增长（王德文，2009），影响消费需求（Murphyetal，1972），影响资源配置效率（荼洪旺，2011），影响社会和谐稳定（Venieris，Gupta，1994；Alesina，Perotti，1994）。二是城乡收入差距产生的原因。库兹涅茨（Kuznets，1955）提出假说，认为经济增长过程中收入差距会出现"倒U"形的演化轨迹。几乎与Kuznets提出"倒U"假说同一时期，刘易斯（Lewis，1954）提出二元经济结构理论，阐释居民收入差距在经济增长过程中出现"倒U"形演化轨迹的原因，之后拉尼斯（Ranis）和费景汉（J.Fei）等在刘易斯模型的基础上不断完善二元经济结构理论，为居民收入差距演化的原因提供了更多解释。明塞尔（Mincer，1957）和贝克尔（Becker）从人力资本角度解释了收入不平等的原因。此后，舒尔茨（Schults，1960）又将人力资本理论引入经济增长的研究中，发现人力资本投资对经济增长具有重要作用，从而用人力资本把收入分配与经济增长连接起来，为此后分析收入分配对经济增长的影响奠定了基础。Romer（1986）提出了著名的内生经济增长理论，强调人力资本是经济增长的主要因素。城乡居民收入差距扩大化是中国现阶段社会经济不平衡发展必然导致的结果（朱仕敏，2011）。应枢廷等（2011）、刘章发（2011）、段景辉等（2011）分别从不同角度分析了城乡收入差距的影响因素。还有一些学者认为产生城乡收入差距的主要原因在于二元经济结构（熊邓灵等，2011；范菲菲，2011；苏允平等，2011；连林慧，2011；唐斯，2011）。沈时伯（2011）指出中国城乡居民收入差距的相对数具有"扩大→缩小→扩大"的变动特征，总体上呈现在波动中不断扩大的趋势。周伟诚（2011）以社会保障制度、教育制度、户籍制度和税收制度作为切入点来分析中国城乡收入差距扩大的原因。三是城乡收入差距的影响因素。主要包括土地要素（秦兵、顾云昌，2010）、自然要素（曾国安，2011）、政策要素（林毅夫、陈斌开，2010）、人力资本要素（张栋，2017）、二元经济结构要素（樊纲，2011）。刘锐君（2011）和姚志（2017）从人力资本、物质资本、城市化、工业化以及区域公共政策和经济发展水平等方面探讨城乡收入差距的影响因素，发现城市化水平和物质资本积累的影响力最大。左义河（2011）从收入来源角度分析了中国城乡收入差距的影响因素，结果显示，总体受教育水平的提高导致工资性收入差距缩小，但城乡教育发展不平衡使经营性收入差距扩大。

（二）关于土地要素交换的研究

一是土地要素平等交换的重要性。厉以宁（2011）明确提出必须给农民产权，最重要的是现在中国正在实施的土地确权制度。张晓山（2006）认为土地问题的核心是与利益相关方的利益关系密切相连的土地产权制度的改革和完善。二是土地要素交换不平等的影响。土地要素交换不平等，导致农村资源过多地流向了城市,土地净收益流入城市和工业(韩长赋,2012),农户对土地要素的支配权有限,土地要素对农户要素收入的配置贡献和功能贡献程度较低,弱化了农户参与分享土地市场化收益的能力(孙彬彬,2009)。三是土地要素交换制度的创新。胡亦琴(2008)确立"学习、纠错和创新"的研究逻辑,提出必须确立市场运作规范,并揭示了政府在农地市场化进程中正确定位与制度、机制供给的至关重要性。刘洋等(2011)提出,城乡土地置换应当在合理的制度安排与政策引导下,为农村发展提供稀缺的资金,保障农民既不失去土地,又能提高生活水平,为农村发展提供持续动力。熊金武等(2012)提出,市场配置是当前最高效的机制,而实现土地要素市场配置的关键就是具有独立行为能力的市场主体和产权明晰的交易对象,农地制度再改革的方向就是构建可供市场配置的农地制度。卞靖(2017)从破除城乡二元土地制度出发,对促进城乡土地要素平等交换做了研究。四是土地要素平等交换的效益。通过允许集体土地资本化,从而推动农村工业化和城市化,可以消除城乡二元结构所造成的城乡差距,弥合历史长期遗留下来的城乡二元结构的裂痕(刘守英,2008);提倡市场公平竞争,使农民土地的权益在更大程度上得到保障(蔡继明,2009);通过土地增值的形成来研究其分配关系,并得出结论:城乡二元制度和征地制度导致由征地、出让、房地产开发环节引起的土地增值收益差异巨大(朱道林、林瑞瑞等,2013)。

(三) 关于土地要素平等交换对缩小城乡收入差距的作用机理及路径的研究

目前研究主要集中在土地要素平等交换对促进缩小城乡收入差距的重要性等方面,但对两者之间的作用机理及路径方面的研究匮乏。城乡收入差距的本质是资源配置扭曲、收入分配倾斜与部门间技术进步不平衡三者共同作用的结果。缩小中国城乡收入差距的政策空间很大。王尔(2011)指出,导致城乡发展差距越来越大的一个重要原因是城乡要素交换关系不平等。张道航(2011)指出,当前必须改变农村土地征收中的不平等交换问题,不仅需要构建以市场形成价格为基础的公平的土地征收制度,而且必须充分尊重农民的权益。当农村居民与城市居民的身份差别以及由这种差别所带来的各种利益差别得以消除,当城乡之间以市场为基础公平合理的土地等资源要素交换关系建立以后,城乡收入差距问题就会得到解决。李停、吴杨(2016)通过建立土地非农化增值收益空间分解模型,实证检验了土地要素公平交换对缩小城乡收入差距的影响。他们指出,当前要探索实施"农村集体土地"入市改革,建立城乡统一的用地市场,有效保障农民土地财产权益,推动城乡公共资源均衡配置。

（四）其他方面的研究

金融发展与城乡收入差距（王琛，2017；李世美，2017）、财政支出结构与城乡收入差距（张义博等，2012）、城市化与城乡收入差距（李尚蒲等，2012；阮浩波，2017）、金融服务与城乡收入差距（米运生等，2009）等，也都是目前研究的重点领域，并且都取得了大量的成果。但是，这些成果主要从人口、政策等角度展开，缺乏土地要素平等交换视角的研究成果。

综上所述，从缩小城乡收入差距的实践看，将土地要素进行平等交换，参与市场进程中，并纳入农业政策和农业宏观管理视野，对改变当前扩大的城乡收入差距的现状具有重要意义，但是目前关于这方面的研究还非常缺乏。

分析已有的研究成果，可以发现有以下明显特点：从研究对象上看，主要是城乡收入差距的一般性原因分析，缺乏从土地要素平等交换视角的切入；从分析方法上看，主要是规范类的研究成果，经验型、描述性的研究成果多，缺少在理论假设基础上采用计量分析方法进行实证研究的成果；从研究内容上看，已有缩小城乡收入差距的研究大多集中在某一方面或者仅就关于城乡收入差距研究的部分内容来展开，缺少针对性、系统性的深入研究，考察经济因素的较多，考察制度因素的较少，尤其缺少关于土地要素平等交换对缩小城乡收入差距的认识。

本书采用数量分析方法，从土地要素平等交换的视角，基于农村的微观层面调查数据，对城乡收入差距做全面系统的分析，剖析土地要素平等交换对城乡收入差距的内在作用机理，从而提出农村土地要素平等交换下缩小城乡收入差距的路径。

三、研 究 范 围

过大的城乡收入差距不仅成为市场经济持续健康发展的障碍，而且影响社会的公正和稳定。在本书中，土地要素平等交换是研究的前提和基础，也就是说，首先要明确我国土地要素交换尤其是农村土地要素交换的现状和发展的趋势及方向，在此基础上再研究土地要素平等交换对缩小城乡收入差距的作用机理和实现路径。显而易见，本书的研究内容主要是要界定我国农村土地要素交换的状况和发展方向——土地要素平等交换以及其对缩小城乡收入差距的作用机理和路径。

显然，我们首先要明确以下几个概念和界定：

一是土地产权。土地产权是指有关土地财产的一切权利的总和，一般用"权利束"加以描述。土地产权包括一系列各具特色的权利，它们可以分散拥有，当聚合在一起时代表一个"权利束"，包括土地所有权及与其相联系又相对独立的各种权利，如土地使用权、土地租赁权、土地抵押权、土地继承权、地役权等。土地权利是指权利人按照法律规定，直接支配土地、享受其利益，并排除他人干涉的权利。土地权利是一种财产权，在物权法上就是土地物权，是最重要的不动产物权。

二是土地要素交换。土地要素包括土地所有权、土地出租、土地交易以及土地生产等要素。土地要素交换就是最大程度地发挥市场在土地资源配置中的决定性作用，做到公开、公平、公正，防止人为干预和中间环节腐败，实现土地的高效、科学、严密的组织实施配置方式，以不同方式从土地获取收益的过程。

三是土地要素平等交换，就是实现土地要素的市场化以及市场的城乡统一。2013年发布的《中共中央关于全面深化改革若干重大问题的决定》明确要求：一是通过土地确权，最终建立土地承包经营权永久不变的产权关系，赋予农民更多的财产权利；二是在符合规划和用途管制的前提下，允许农村集体经营性建设用地出让、租赁、入股，实行与国有土地同等入市、同权同价。这表明农民将得到与土地有关的多种权利，土地将实质上成为农民的财产；城乡建设用地市场的统一，表明国家将打破土地市场的政府垄断，围绕土地形成的僵化凝固的利益网络将有重大调整。"推进城乡要素平等交换的最大问题是土地问题，解决土地问题需要做到'同权同利'。"（温铁军，2013）改革的目标仍然任重而道远，农村土地交换中的种种不平等现象仍普遍存在。农用地流转、土地征收、农村建设用地入市、宅基地入市都普遍存在交换的不平等现象，可见农村土地改革的艰巨性和复杂性，这正是本研究需要探索的。这进一步说明该研究的重要性和研究价值。

四是农村土地交换的四种类型，即农用地流转、土地征收、农村建设用地入市及宅基地入市。

（1）农用地流转：农用地流转是指农村家庭承包的土地通过合法的形式，保留承包权，将经营权或使用权转让给其他农户或其他经济组织的行为。它是农村经济发展到一定阶段的产物，通过土地流转，可以开展规模化、集约化、现代化的农业经营模式。农用地流转从目前的流转模式来看包括农用土地的承包权流转和使用权流转两个方面。

（2）土地征收：土地征收是指国家为了公共利益需要，依照法律规定的程序和权限将农民集体所有的土地转化为国有土地，并依法给予被征地的农村集体经济组织和被征地农民合理补偿和妥善安置的法律行为。"土地征收"和"土地征用"不同,征收的法律后果是土地所有权的改变,土地所有权由农民集体所有变为国家所有;征用的法律后果只是使用权的改变,土地所有权仍然属于农民集体,征用条件结束需将土地交还给农民集体。

(3) 农村建设用地入市:农村建设用地是指乡(镇)村集体经济组织和农村个人投资或集资,进行各项非农业建设所使用的土地。它主要包括乡(镇)村公益事业用地和公共设施用地,以及农村居民住宅用地。作为"农民的资产"的农村集体土地将与国有土地一样,按"同地、同价、同权"的原则,纳入统一的土地市场。

(4) 宅基地入市:宅基地是农村的农户或个人用作住宅基地而占有、利用本集体所有的土地,包括建了房屋、建过房屋或者决定用于建造房屋的土地三种类型。宅基地确权后按"同地、同价、同权"的原则,纳入统一的土地市场。

下面按照时间的递进展开。

党的十八届三中全会通过的《中共中央关于全面深化改革若干重大问题的决定》(以下简称《决定》)公布后,引起了世人的广泛关注,其中的土地改革条文明确了赋予农民以土地为主的财产权利,是历史性的突破。

《决定》明确赋予土地承包经营权抵押、担保权能,允许农民以承包经营权入股发展农业产业化经营,鼓励承包经营权向农业企业流转,鼓励和引导工商资本到农村发展适合企业化经营的种养业;赋予农民对集体资产股份占有、收益、有偿退出及抵押、担保、继承权,选择试点推进农民住房财产权抵押、担保、转让,保障农民公平分享土地增值收益,鼓励社会资本投资农村建设领域,允许企业和社会组织在农村兴办各类事业;将进城落户农民完全纳入城镇住房和社会保障体系,完善对被征地农民的多元保障机制,整合城乡居民基本养老保险制度、基本医疗保险制度,推进城乡最低生活保障制度统筹发展;改革农业补贴制度,建立财政转移支付同农业转移人口市民化挂钩机制,赋予农民更多财产权利。

2014年,一系列土地改革相关政策持续出台,预示土地改革进程逐渐提速。2014年1月,中共中央、国务院发布一号文件《关于全面深化农村改革加快推进农业现代化的若干意见》,3月发布《关于全面深化农村改革加快推进农业现代化若干意见有关政策措施分工的通知》,4月国务院发布《国务院批转发展改革委关于2014年深化经济体制改革重点任务意见的通知》。2014年8月11日,国土资源部、财政部、住房和城乡建设部、农业部、国家林业局联合下发《关于进一步加快推进宅基地和集体建设用地使用权确权登记发证工作的通知》,加快推进农村房地一体确权登记发证。

2014年12月2日,中央全面深化改革领导小组第七次会议指出,坚持土地公有制性质不变、耕地红线不突破、农民利益不受损三条底线,在试点基础上有序推进。土地征收、集体经营性建设用地入市、宅基地制度改革做统一部署和要求,但试点工作中要分类实施。

2015年2月25日,全国人大常委会授权国务院在北京市大兴区等33个试点县(市、区),暂时调整实施土地管理法、城市房地产管理法关于农村土地征收、集体经营性建设用地入市、宅基地管理制度的有关规定,决定在试点地暂时停止实施上述法律条款规定的关于集体建设用地使用权不得出让等的规定。试点行政区域,允许存量农村集体经营性建设用地使用权出让、租赁、入股,同时将合理提高被征地农民分享土地增值收益的比例。

以上发展表明,深化土地制度改革,应选择科学的路径和策略。合适的"时间表"和正确的"路线图"亟须制定。

在先行试点的基础上,依序扩大和推进改革。首先,进行产权制度改革。实施以土地为基础的不动产统一登记制度,进行全国农村土地确权,赋予农民集体土地处置权、抵押权、转让权,同时对全国城镇土地进行确权。其次,建立市场配置机制。逐步取消经营性土地政府征收制度,建立城乡土地在城乡内部、城乡之间、区域之间自由流动的市场交换机制,逐步建立"占补平衡""增减挂钩""人地挂钩""税收调节"机制。最后,改革管理体制,建立城乡统一的垂直管理制度,严格土地用途管制制度,确保农民利益不受损失。

在积极推进土地制度改革的同时,先行开展配套制度改革也是必不可少的。首先,加快财税体制改革,解决地方政府财权和事权不对称问题;其次,深化金融基础制度的改革,实现城市基础设施和公共服务的多元融资;最后,深化户籍和社保制度改革,实现劳动力自由流动和社保的全国城乡一体化。在以上基础上,化解风险,实施城乡土地产权、使用及管理等基础性制度改革。

从短中期来看,需确认并明晰城乡土地的产权,扩大试点"农地直接转为经营性用地制度",以及城乡土地"增减挂钩""占补平衡""人地挂钩"、土地使用和交易税征收等制度,试点并最终确立科学的土地行政监管制度和国有土地资产管理制度。

从长期来看,需建立全部土地所有权制度的国有化,实现使用权的自然人和法人化的有偿使用、自由处置、收益合理分配的产权制度;建立成熟的以市场为基础的土地配置机制,实现城乡土地自由流动和有效调节;建立完善的土地行政监管制度和国有产权管理制度,最终建立城乡一体的土地制度体系。

综上所述,中国的土地征收制度将呈现三大变化。

一是缩小土地征收范围。现行法规定,"国家为了公共利益的需要可以依法对土地实行征收,并给予补偿",但并没有对公共利益的范围做出明确界定。公共利益缺乏界定、征地边界不清、使用集体建设用地受限,是导致征地范围过大的主要原因。"新44条"结合国外和我国台湾地区的成熟经验,以及33个县改革试点的经验,从六个方面对公共利益给予了明确界定,一一列举,从而缩小了土地征收范围。

二是土地征收程序上,农民有更多的知情权。现行法律规定的土地征收"两公告,一登记"的程序,是在征地批后实施,实践中存在被征地农民知情权、参与权不够的问题。"新46条"把原来的批后公报改为批前公报,强化在整个征地过程中被征地农民的知情权和监督权,限制地方政府滥用征地权。

三是完善被征地农民保障机制。① 现行法中征地补偿主要是按照年产值倍数法实行货币补偿,但从目前经济发展的阶段来看,难以满足现阶段被征地农民合理的规范多元保障的诉求。"新48条"要求,用区片综合地价取代年产值倍数法。另外,在征地补偿的费用中增加了对被征地农民的住房补偿和社会保障的费用。"新49条"提出,不再将农民居住的地方作为地上附着物进行补偿,而是作为专门的财产权明确给予公平合理的补偿。"新51条"明确被征收土地的农村居民应当纳入相应的养老社会保障体系,并将留地留物业安置上升为法律。② 关于农村集体建设用地。删除了农村集体建设用地进入市场的法律障碍。现行土地管理法除了允许乡镇企业因为破产兼并导致土地使用权进入市场之外,是禁止农村集体建设用地直接进入市场流转的。而且,现行土地管理法只允许农村集体建设用地由农村集体自己使用,包括宅基地、乡镇企业、乡村公共设施等公益事业建设。集体经济组织以外的单位和个人要用地的话,得通过征收。此次的《土地法(修正案)》删除了现行土地管理法第43条和第63条的规定,增加规定国家建立城乡统一的建设用地市场,符合土地利用总体规划的集体经营性建设用地,集体土地所有权人可以采取出让、租赁、作价出资或者入股的方式由用地单位和个人使用。取得的这些经营性土地使用权还可以转让、出租和抵押,具体办法授权国务院另行规定。这是本次修订最大的一个亮点。③ 关于农村宅基地制度。保障和落实农民宅基地用益物权(用益物权是用益物权人对他人所有的不动产或者动产,依法享有占有、使用和收益的权利。通俗的意思就是能够用这个东西并且有权收取基于这个东西的产出)。在城市规划区人均土地少、无法实现"一户一宅"的地区,县级人民政府要采取措施,保障农村居民实现户有所居的权利。改革宅基地审批制度,下放宅基地审批权限,并对宅基地自愿有偿退出做出原则性规定。

四、研究思路、方法、内容及创新点

（一）研究思路

通过对城乡收入差距、效应及其影响因素和我国土地要素交换现状及影响因素的分析,借鉴发达国家的经验和启示,深入剖析土地要素平等交换对缩小城乡收入差距的作用机理;在此基础上构建土地要素平等交换与城乡收入差距的关系模型和土地要素平等交换的理论模型,最终形成土地要素平等交换下缩小城乡收入差距的创新路径。本书的研究思路如图1.1所示。

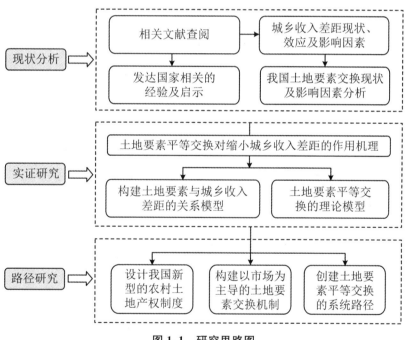

图1.1 研究思路图

（二）研究方法

主要采用四种方法。一是运用历史分析法,分析我国1978年以来土地制度的演变历程及各个阶段的特点,对我国城乡收入差距演变的历史轨迹进行阐释,总结出我国城乡收入差距演进的规律。二是运用比较分析法,比较美国、日本缩小城乡收入差距的经验及其优缺点。三是运用案例分析法，选择安徽省铜陵市义安区、安徽省六安市金寨县、内蒙古自治区呼和浩特市和林格尔县及浙江省湖州市德清县等典型区域，分别从农用地流转、宅基地置换、政府征地及农村集体建设用地入市等方面入手调查研究，观测不同类型土地要素的交换方式对缩小城乡收入差距的影响。四是运用模型分析法，通过建立基于省际面板数据的计量模型和回归分析方法，重点关注土地要素平等交换对缩小城乡收入差距的影响。通过创新弓箭弦靶理论，探索土地要素平等交换的理论模型，为实现土地要素平等交换，并为缩小城乡收入差距提供思路。

（三）研究内容

（1）剖析城乡收入差距现状、效应及影响因素。通过对统计数据的收集和典型地区的实地调研，分析我国城乡收入水平、城乡收入变动情况，揭示城乡收入差距的特征。从户籍制度、土地产权制度、土地市场化、人力资本及经济增长等因素出发，剖析我国城乡收入差距的影响因素。

（2）我国土地要素交换现状及影响因素分析。利用相关数据，从我国北部、中部和东部地区抽取样本，从征地范围、征地程序、征地用途、征地补偿等方面，研究我国农村土地要素的交换现状；从产权、收入分配、二元结构、市场体制等因素入手，探求我国农村土地要素平等交换的影响因素。

（3）发达国家土地要素平等交换对缩小城乡收入差距的经验及启示。发达国家为缩小城乡收入差距，围绕土地要素平等交换采取了许多卓有成效的措施，选取美国和日本两个典型国家进行重点研究，比较发达国家土地要素平等交换缩小城乡收入差距的措施，总结发达国家的经验，为我国缩小城乡收入差距提供借鉴。

（4）土地要素平等交换对缩小城乡收入差距的作用机理。基于1987～2012年的相关数据，从我国北部、中部和东部地区抽取样本，运用弓箭弦靶理论模型揭示土地要素平等交换的运行机制及其与其他要素的关系，阐释土地要素平等交换作用于缩小城乡收入差距的内在机理。利用我国土地改革先行地区的经验来验证土地要素平等交换作用于缩小城乡收入差距的理论。

（5）土地要素平等交换对缩小城乡收入差距的实现路径。梳理1978年以来中国农村土地制度演变历程，阐释不同阶段中国土地制度的差异及对城乡收入差距的影响，总结我国土地制度演变的规律，为现有土地制度创新提供基础。在完善现行土地制度的基础上，明确农民土地产权；以资源优化配置为原则，建立以市场为主导的土地要素交换机制；从农村土地流转、政府土地征收、宅基地制度改革及集体经营性建设用地流转等方面入手，创建土地要素平等交换的系统路径,促进其他要素由城市向农村良性流动,实现缩小城乡收入差距的目标。

(四) 创新点

一是在有效解决土地公平交换度的科学测度基础上,建立多元回归模型,在有效分离经济发展程度等控制变量的影响后,着重考察了土地市场化水平对被解释变量——以城乡收入比衡量的城乡收入差距的影响大小、方向及显著性水平。二是构建土地要素平等交换的弓箭弦靶理论模型,分析土地要素平等交换作用于缩小城乡收入差距的内在机理。三是设计土地要素平等交换对缩小城乡收入差距的系统路径。

第二章　城乡收入差距现状、效应及影响因素

城乡社会发展不平衡问题在我国长期存在,其中尤以城乡收入差距所反映出的不平衡表现最为直观。1978～2013年,该指标虽有波动,但总体上呈现上升扩大的趋势。无论是用常规的城镇居民人均可支配收入与农村居民人均纯收入之比来表示的城乡差距,还是考虑了城乡人口结构变动的、基于泰尔指数分解的收入差距都验证了这一点。根据国际劳工组织的数据,世界上绝大多数国家的城乡收入比都在1.6∶1以下,然而我国2013年该数值却高达3.03∶1,由此可见城乡发展不均衡问题在我国不仅存在,而且还十分严峻。较大的城乡收入差距给我国的发展带来了经济、社会、生态等诸多方面的风险。虽然近年来该指标一直呈现改善迹象,但离城乡均衡发展、城乡居民共享社会发展成果的终极目标还存在较大距离。

我国城乡居民收入差距问题的成因较为复杂,但总体来讲,受城乡社会经济体制改革影响较大,尤其是工农业产业政策及土地政策的调整。例如,1978～1983年,由于农村推行了土地产权制度改革,实行了土地集体所有制下的家庭联产承包责任制,第一次赋予了农民经济"剩余索取权",从而有效地激活了农民开展农业生产的积极性,极大地释放了土地生产力,加上农副产品市场化改革提高了农产品收购价格,因此这一阶段的城乡收入比由2.57∶1逐渐下降到了1983年的1.82∶1。再如,1983～2009年,我国经历了快速的城市化扩张,其间农村劳动力、资本、土地等要素大量流入城市,形成了城市快速繁荣与农村逐渐衰弱并存的局面。再加上城市对农村土地的强势征收,使得一些本应该留在农村的土地价值被城市攫取,从而导致了这一阶段城乡收入比再次上升到了3.33∶1。

城乡居民收入结构的分析进一步表明,城乡收入差距的产生与城乡居民收入的结构可能存在某种内在的关联。以自有资本参与生产活动的财产性收入为例,城镇居民该项指标上升较快,其在总收入中的占比由2005年的1.7%增长到了2014年的9.7%。相反,农村居民的财产性收入占比则没有太大的变化,一直维持在3%左右的低位。对农民而言,土地是最大的财产,因此研究如

何盘活土地资产,让不能移动的土地通过流转实现农村居民的财产增值,进而缩小未来的城乡差距应该是一个创新的思路。

一、我国城乡收入差距历史回顾

改革开放以来,我国经济社会发展取得了举世瞩目的成绩,但城乡发展不平衡问题仍然十分严峻。从表2.1的相关统计数据可以看出,1978~2013年我国城乡收入差距虽有起伏,但总体呈现出上升扩大的趋势。以城镇居民人均可支配收入与农村居民人均纯收入之比度量的城乡收入差距A,从1978年的2.57上升到了2009年的3.33,之后虽有下降,但仍保持在3倍以上的高位。

表2.1 1978~2013年我国城乡收入差距统计表

年份	城镇居民人均可支配收入(元)	农村居民人均纯收入(元)	城乡收入差距A	城乡收入差距B
1978	343.4	133.6	2.570359	0.034211
1979	405	160.2	2.52809	0.034129
1980	477.6	191.3	2.496602	0.033609
1981	500.4	223.4	2.239928	0.026289
1982	535.3	270.1	1.981859	0.019104
1983	564.6	309.8	1.822466	0.014725
1984	652.1	355.3	1.83535	0.015674
1985	739.1	397.6	1.858903	0.016657
1986	900.9	423.8	2.125767	0.02556
1987	1002.1	462.6	2.166234	0.027366
1988	1180.2	544.9	2.165902	0.027624
1989	1373.9	601.5	2.284123	0.031971
1990	1510.2	686.3	2.200495	0.029143
1991	1700.6	708.6	2.399944	0.036554
1992	2026.6	784	2.584949	0.043661
1993	2577.4	921.6	2.796658	0.051911
1994	3496.2	1221	2.863391	0.05479
1995	4283	1577.7	2.714711	0.049545
1996	4838.9	1926.1	2.512279	0.042692

续表

年份	城镇居民人均可支配收入(元)	农村居民人均纯收入(元)	城乡收入差距 A	城乡收入差距 B
1997	5160.3	2090.1	2.468925	0.041694
1998	5425.1	2162	2.509297	0.04381
1999	5854	2210.3	2.648509	0.049706
2000	6280	2253.4	2.7869	0.055527
2001	6859.6	2366.4	2.898749	0.060213
2002	7702.8	2475.6	3.111488	0.068652
2003	8472.2	2622.2	3.230951	0.073282
2004	9421.6	2936.4	3.208555	0.072385
2005	10493	3254.9	3.223755	0.072822
2006	11759.5	3587	3.278366	0.074602
2007	13785.8	4140.4	3.329582	0.076046
2008	15780.8	4760.6	3.314876	0.075113
2009	17174.7	5153.2	3.332822	0.075179
2010	19109.4	5919	3.228485	0.070681
2011	21809.8	6977.3	3.125822	0.066359
2012	24564.7	7916.6	3.102936	0.064833
2013	26955	8896	3.030013	0.061616

注：城乡收入差距 A 用城镇居民人均可支配收入与农村居民人均纯收入之比来表示，其值越大代表差距越大；城乡收入差距 B 用能够反映城乡人口结构变动的泰尔指数 T 来表示，计算公式为 $T = \sum_{i=1}^{2} \left(\frac{I_i}{I} \times \log \left(\frac{I_i/I}{P_i/P} \right) \right)$，其中，$I_i/I$、$P_i/P$ 分别表示城乡居民收入占总收入的比重和城乡居民人口数占全国总人口数的比重，T 值越大代表差距越大。

资料来源：1980～2014 年中国统计年鉴和中国农村统计年鉴。

进一步绘制出两种城乡收入差距测度指标的散点图，如图 2.1 所示。

图 2.1 中，无论是以城镇居民人均可支配收入与农村居民人均纯收入之比来表征的城乡收入差距 A，还是基于泰尔指数分解的城乡收入差距 B，两者之间均存在高度相似的波动性。这说明无论是否考虑我国城镇化所带来的城乡人口结构比例的变动，我国的城乡收入差距问题都是客观存在的。过大的城乡收入差距显然已成为我国可持续、均衡发展的重要障碍。

对图 2.1 中所反映出来的城乡收入差距波动进行更加细致的研究，不难发现我国城乡收入差距具有阶段性的特征。

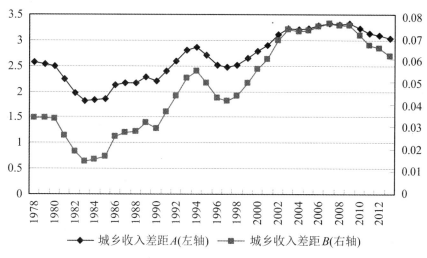

图 2.1　城乡收入差距散点图

第一阶段,1978~1983 年。其间,我国的城乡收入差距 A 由 1978 年的 2.57∶1 逐渐下降到了 1983 年的 1.82∶1。回顾该时期我国社会经济的发展特征,可以发现,党的十一届三中全会以后的农村基本经营制度尤其是土地产权制度改革是主要特征,即改变了以往的"大锅饭"式的生产经营模式,转而实行土地集体所有制下的家庭联产承包责任制。土地承包经营权的确立第一次赋予了农民经济"剩余索取权",有效地激活了农民开展农业生产的积极性,极大地释放了土地的生产力。再加上这时期我国进行了以农副产品管制放松相关的市场化改革,农产品的收购价格得以普遍提高。以 1979 年为例,我国提高了 18 类农副产品的收购价格,增幅平均达到了 22.13%。农产品价格的提高有效地缩小了工农业产品的"剪刀差",直接增加了农民收入。其间我国农村产业结构的调整,以乡镇企业为代表的农村非农产业的快速发展,也为农民增收提供了新的途径。在上述各种改革举措以及产业调整政策的推动下,我国城乡收入不平衡问题得到了一定的缓解。

第二阶段,1983~2009 年。其间,我国的城乡收入差距虽然有几次小的波动,但快速扩大的趋势一直延续。城乡收入差距从整个时间维度中的最低值 1.82∶1 上升到了 3.33∶1。回顾该阶段我国社会经济的发展特征,可以发现,改革开放以及城市化的快速扩张是这一时期最典型的特征。按照所有权与经营权相分离的原则,我国城市中的大中型国有企业实行了各种形式的承包责任制,小型国营企业也采取了资产经营责任制、租赁经营等方式,这些改革所带来的激励机制极大地促进了国有企业生产效率的提高。相反地,农村改革进程则较为缓慢,因此城镇居民收入的增长速度出现了分化。除此之外,城乡收入差距的拉大还与我国城镇化的快速发展密切相关。随着农村劳动力、资本、土地等要素大量地流入城市,形成了城市快速繁荣与农村逐渐衰弱并存的局面。城市对农村土地的征收以及由于农民工进城务工所造成的土地撂荒是其间农村社会经济的最大特点。在土地征收的过程中,由于城市的强势地位,一些本应该留在农村的土地价值被城市所攫取,以及农民工同工不同酬等现象的普遍存在可能是其间城乡收入差距不断扩大的重要原因。究其根源,土地以及劳动力价值从农村向城市的外溢现象难辞其咎。

第三阶段,2009~2013年。其间,我国城乡收入差距出现了持续的改善,从2009年的3.33:1逐渐降到了2013年的3.03:1。这一时期城乡收入差距的改善,应该是我国城乡统筹发展宏观政策逐步发挥功效的结果。自2003年党的十六届三中全会第一次明确提出统筹城乡发展战略以来,政府对农村一直坚持"多予、少取、放活"和"工业反哺农业,城市支持农村"的基本方针,农业政策也从对农业征税到减免税收再到农业补贴不断转变。加上对农业基础设施建设以及农村社会事业的发展采取的一系列支持措施,农村居民的收入实现了快速增长。但由于城市偏向政策的惯性,以及农村经济功能恢复的滞后性,城乡收入差距直到2009年才开始进入缓慢下降的通道。

以上城乡收入差距的历史回顾只反映了官方统计上的城乡不均衡,城乡收入差距其实很大一部分还体现在城乡居民所能享受到的公共服务的差别上。2010年的一份来自国民经济研究所的报告专门调查了灰色收入与国民收入分配存在的关系。该报告指出如果将灰色收入纳入居民总体收入,那么中国的城乡收入差距将更大。李尚蒲(2012)也指出,中国城乡收入差距如果加上公共服务等方面的差距,应该在4:1以上。因此从这个角度来看,中国显性以及隐性的城乡收入差距问题都十分严峻。

经过近十年的城乡统筹政策的调整和落实,我国城乡收入差距的问题也慢慢出现了改善,如中国社会科学院农村发展研究所发布的《农村经济绿皮书》(2011)显示,自1998年以来,中国农村居民收入增长速度在2010年首次快于城镇,这意味着城乡收入差距将会缩小。又如北京大学中国社会科学调查中心发布的"中国家庭追踪调查"数据表明,2010~2012年,农村人均家庭纯收入增长34%,城镇人均家庭纯收入增长22%,城乡收入差距呈现收窄趋势。然而这些阶段性改善并不意味着中国城乡收入差距发生了"质"的转变。根据国际劳工组织的数据,世界上绝大多数国家的城乡收入比都在1.6:1以下,英美等发达经济体的城乡收入差距更小,一般在1.5:1左右。然而我国2013年该数据仍然高达3.03:1,因此城乡收入的不均衡问题依然十分严峻。2010年,国务院发展研究中心课题组提出,假设确定一目标:农民人均纯收入到2020年比2008年翻一番,按照核定的年收入增长比例计算(农民为6%,城镇居民为9%),截至2020年,农民人均纯收入将达到9581元,城镇居民人均纯收入将达到44387元,这两者间的差距达到4.63∶1,也就是说,农民年收入在1万元时,城镇居民年收入在4万元以上。这样的差距已经引起社会的广泛关注和有识之士的担忧。

二、我国城乡居民的收入结构分析

(一) 农村居民收入来源

根据国家统计局的统计指标解释,我国农村居民收入来源相对广泛,其中主要包括以出售生产要素劳动取得的工资性收入,以集劳动者和生产者一体的家庭经营性收入,以自有资本参与生产活动的财产性收入,以农村居民身份而取得的转移性收入。

农村居民工资性收入指农村居民被单位或个人雇用,以出卖自己的劳动力而取得的收入。近十年来,随着我国改革开放的进程不断加快,我国农村居民工资性纯收入也呈现逐年上涨的趋势,2014年农村居民工资性纯收入是2005年的3.5倍,但其占年度总收入的比重基本不变,维持在40%左右。

农村居民家庭经营收入指农村居民整合家庭的生产资源,进行生产和管理活动而取得的收入。其经营活动覆盖各个行业,主要集中在零售业、餐饮业和交通运输业。近十年来,我国农村居民家庭经营纯收入也呈现上涨趋势,2014年农村居民家庭经营纯收入是2005年的2.3倍,但其占年度总收入的比重逐年下降,由2005年占年度总收入的56.7%下降为2014年占年度总收入的40.4%。

农村居民财产性收入指农村居民自有资本或其他资产投入到生产活动中而取得的收入。我国农村居民财产性纯收入一直在缓慢地增加,2014年农村居民人均财产性纯收入为222.1元,是2005年的2.8倍,而其占年度总收入的比重一直没有太大的变化,一般在3%左右。

农村居民转移性纯收入指农村居民不需要付出生产要素也可以取得的收入。它主要包括农村居民获得的捐赠、政府的转移支付等。我国农村居民转移性纯收入在2012年开始出现大幅度增长,仅2013年的增长率就达到240%,近十年来增长了10倍,其占年度总收入的比重也由2005年的4.5%上升到2014

年的17.9%。

从图2.2来看，我国农村居民的收入主要来源于工资性纯收入、家庭经营纯收入和转移性纯收入，2014年这三项收入占总收入的比重分别为40%、40.4%、17.9%，这三项收入之和占总收入的比重达到98.3%，而财产性纯收入占比仅为1.7%。

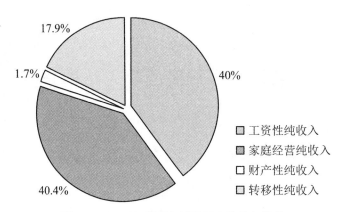

图2.2　2014年我国农村居民人均收入结构

（二）城镇居民收入来源

根据国家统计局的统计指标的定义，我国城镇居民收入来源也十分广泛，主要包括出售劳动而取得的工资性收入，自主创业而取得的经营净收入，自有资产参与生产活动而取得的财产性收入，以城镇居民身份而取得的转移性收入。

我国城镇居民工资性收入指城镇居民被各种单位或个人雇用取得的全部劳动报酬和各种福利。城镇居民工资性收入一直是我国城镇居民收入的主要来源。近十年来，我国城镇居民工资性收入一直在增长，2014年城镇居民人均工资性收入达到17936元，是2005年的2.3倍。近十年来，我国城镇居民工资性收入占总收入的比重一直在缓慢下降，由2005年的68.9%下降为2014年的64.3%，但仍然占总收入的一半以上。

我国城镇居民经营性收入指城镇居民从事生产经营活动所取得的全部经营收入中扣除经营费用、生产性固定资产折旧和生产税之后得到的净收入。近十年来，我国城镇居民经营净收入小幅增长，2014年城镇居民经营净收入达到3279元，是2005年的4.8倍，其占城镇居民总收入的比重也由2005年的6%上升到2014年的11.4%。

我国城镇居民财产性收入是指家庭拥有的动产和不动产参与生产活动

后所获得的收入,包括利息、租金、专利收入等。近十年我国城镇居民财产性收入呈现快速增长趋势,2014年我国城镇居民财产性收入为2812.1元,是2005年的14.7倍,其占城镇居民总收入的比重由2005年的1.7%上升到2014年的9.7%,上升的速度比较快。

我国城镇居民转移性收入指国家、单位、社会团体对城镇居民的各种经常性转移支付和城镇居民之间的经常性收入转移。它包括养老金或退休金、社会救济和补助、政策性生产补贴、政策性生活补贴、救灾款、经常性捐赠和赔偿、报销医疗费、住户之间的赡养收入、本住户非常住成员寄回带回的收入等,转移性收入不包括住户之间的实物馈赠。我国城镇居民转移性收入在近十年内变化不大,2014年的城镇居民转移性收入为4815.9元,仅为2005年的1.8倍,其占城镇居民总收入的比重基本维持在20%左右。

从图2.3来看,我国城镇居民的收入主要还是来源于工资性收入,2014年城镇居民工资性收入占总收入的比重为64.3%,比其他三种收入的总和还要多,而经营净收入、财产性收入、转移性收入基本上处于同一水平,普遍在14%左右。

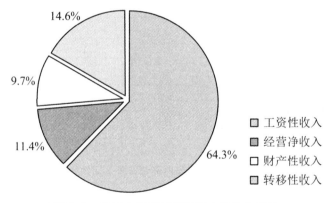

图2.3　2014年我国城镇居民人均收入结构

(三)城乡居民收入结构比较

从城乡居民各项收入的比重来看,比重最高的当属工资性收入,而农村居民总收入中另一个比重较大的是经营性收入。从图2.4可以看出,城镇居民工资性收入明显比农村居民要高出许多,城镇居民工资性收入相当于5倍的农村居民工资性收入;但经营性收入则相反,农村居民的经营性收入普遍比城镇居民要高,但差距不大,如图2.5所示。

从城乡居民财产性收入来看,2005～2012年城乡居民的财产性收入差距并不突出,但到2013年和2014年城乡居民财产性收入差距急剧扩大,在这两年城镇居民财产性收入均是农村居民财产性收入的13倍,这也是城乡居民收入差距扩大的主要因素之一(图2.6)。从城乡居民转移性收入来看,2005~2012年这8年间,城镇居民转移性收入一直是农村居民转移性收入的十几倍,虽然2013年和2014年有所缓和,但仍然相差1倍以上(图2.7)。

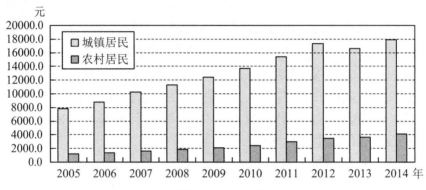

图2.4　城乡居民工资性收入比较

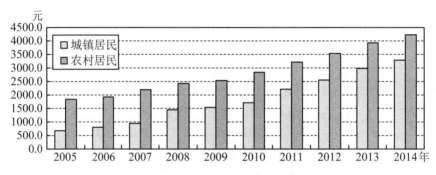

图2.5　城乡居民经营净收入比较

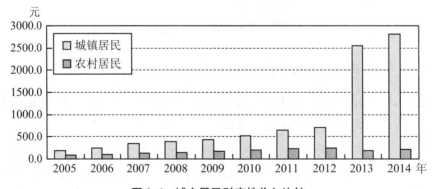

图2.6　城乡居民财产性收入比较

从城乡居民各项收入的比重来看,城镇居民收入比重最高的是工资性收入,城镇居民各年工资性收入占总收入的比重基本上都在60%以上;而农村居民收入比重最高的除了工资性收入外,还有家庭经营性收入,这两项收入的比重之和在80%以上。所以城乡居民的收入主要来源于工资性收入和经营性收入。

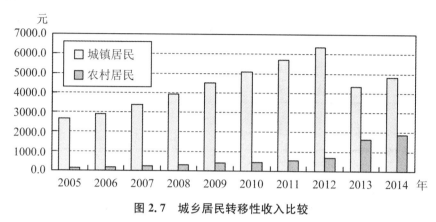

图2.7 城乡居民转移性收入比较

(四)城乡收入内部结构差距分析

表2.2是1990~2013年我国城乡居民人均收入变动及构成情况,同时列出工资性收入、经营性收入、财产性收入和转移性收入的构成情况。无论是从绝对差距还是从相对差距上看,改革开放后我国城乡收入差距都呈现出不断扩大的势头,备受广大有识之士的关注。图2.8是1990~2013年我国城乡收入差距绝对变动情况,城乡收入绝对差距从1990年的829.9元持续上升至2013年的20651.2元。2010年国务院发展研究中心课题组预计,按照目前农民人均纯年收入增长6%、城镇居民收入年均增长9%计算,到2020年,农民人均纯收入将达到9581元,城镇居民人均收入将达到44387元,城乡居民收入差距将扩大至4.63:1,绝对差距将扩大至3万元以上。

表2.2 1990~2013年我国城乡居民人均收入变动及构成情况

	1990	1995	2000	2010	2011	2012	2013
城镇居民人均年收入(元)	1516.2	4288.1	6295.9	21033.4	23979.2	26959	29547.1
城镇居民工资性收入(元)	1149.7	3385.3	4480.5	13707.7	15411.9	17335.6	18929.8
城镇居民经营性收入(元)	22.5	77.5	246.2	1713.5	2209.7	2548.3	2797.1
城镇居民财产性收入(元)	15.6	90.4	128.4	520.3	649	707	809.9
城镇居民转移性收入(元)	328.4	734.8	1440.8	5091.9	6708.6	6368.1	7010.3
农村居民人均年纯收入(元)	686.3	1577.7	2253.4	5919	6977.3	7916.6	8895.9

续表

	1990	1995	2000	2010	2011	2012	2013
农村居民工资性收入(元)	138.8	353.7	702.3	2431.1	2963.4	3447.5	4025.4
农村居民家庭经营收入(元)	518.6	1125.8	1427.3	2832.8	3222	3533.4	3793.2
农村居民财产性收入(元)	29	41	45	202.2	228.6	249	293
农村居民转移性收入(元)	—	57.3	78.8	452.9	563.3	686.7	784.3
城乡收入比	0.453	0.370	0.358	0.281	0.291	0.294	0.301

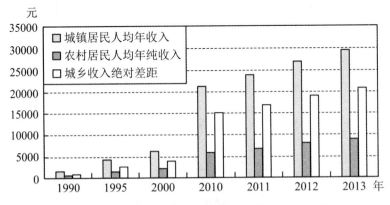

图 2.8　1990～2013 年我国城乡收入差距绝对变动情况

图 2.9 是 1990～2013 年我国城乡收入相对变动折线图。从城乡收入比衡量的城乡收入相对差距变动上看，1990 年城乡收入比为 0.453，之后持续下降，到 2010 年降至 0.281，2010～2013 年间在 0.30 左右的低水平上徘徊。

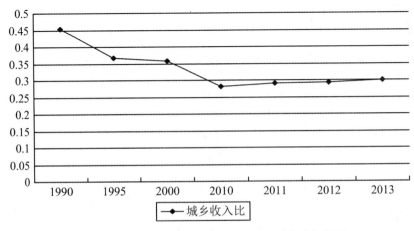

图 2.9　1990～2013 年我国城乡收入相对变动折线图

表 2.3 对比了 1990～2013 年我国城乡居民收入的构成比重。从收入的构成上看，工资性收入构成城镇居民收入的主体，虽然近年来比重略有下降，但仍占城镇居民人均收入构成的 64%。其次是转移性收入，一直稳定在城镇居民收入 20% 左右的较高水平。财产性收入一直是我国城镇居民收入的短板，占比不足 3%。值得强调的是，城镇居民的经营性收入比重近年来上升势头明显，从 1990 年的 1.50% 上升至 2013 年的 9.50%。

比较而言，我国农村居民收入构成变动更为明显。1990 年家庭经营收入占农村居民收入比重高达 75.6%，此后一直下降，至 2013 年的 42.6%。而此间工资性收入比重不断上升，从 1990 年的 20.2% 上升至 2013 年的 45.3%，超过家庭经营性收入比重。我国农村居民收入构成变动是乡镇企业发展和城镇化运动的自然结果，有利于农民增收长久机制的形成。农村居民转移性收入比重偏低，虽然近年来国家重视"三农"问题，转移性收入比重有所上升，2013 年达到 8.80%，但比城镇居民转移性收入比重低得多。城乡公共资源配置的不均衡也因此饱受学界诟病。与城镇居民一样，我国农村居民的财产性收入比重也较低，与 1990 年相比近年来甚至有下降趋势。党的十八大提出要提高居民的财产性收入，对农民而言，土地是最大的财产，如何盘活土地资产，让不能移动的土地通过流转实现财产增值将是未来缩小城乡收入差距的重要途径。

表 2.3 1990～2013 年我国城乡居民收入的构成比重比较

收入构成比重	1990	1995	2000	2010	2011	2012	2013
城镇居民工资性收入比重	0.758	0.789	0.712	0.652	0.643	0.643	0.641
城镇居民经营性收入比重	0.015	0.018	0.039	0.081	0.092	0.095	0.095
城镇居民财产性收入比重	0.01	0.021	0.02	0.025	0.027	0.026	0.027
城镇居民转移性收入比重	0.217	0.171	0.229	0.242	0.28	0.236	0.237
农村居民工资性收入比重	0.202	0.224	0.312	0.411	0.425	0.435	0.453
农村居民家庭经营性收入比重	0.756	0.714	0.633	0.479	0.462	0.446	0.426
农村居民财产性收入比重	0.042	0.026	0.02	0.034	0.033	0.031	0.033
农村居民转移性收入比重	0	0.036	0.035	0.077	0.081	0.087	0.088

三、城乡收入差距的风险

城乡收入的巨大落差已经给我国社会经济的发展造成了许多负面影响，具体反映在经济风险、社会风险、生态风险等方面。

(一) 经济风险

1. 消费需求

过大的城乡收入差距阻碍了我国社会经济的进一步健康发展。凯恩斯的绝对收入假说认为,消费和储蓄都是收入的增函数,即收入越高,储蓄越多,消费也越多。但同时又存在着边际消费倾向递减规律。所以收入增加导致储蓄率提高,财富集中在少数人手中,那么社会的整体储蓄率将提高。储蓄率的提高意味着消费需求的减少,消费需求不足又制约了投资需求的增加,进而影响经济增长。因此许多学者都认为农村内需的激活是我国内需拉动型经济的关键,我国社会经济进一步发展的动力应该主要来自农民的富裕、农村的崛起。

消费是拉动经济增长的重要影响因素之一,而收入水平又是影响消费与消费结构的重要因素,那么城乡收入差距对消费差距有着怎样的影响呢?有学者对省域或地区城乡收入差距的变化对消费差距产生的影响做出研究,发现两者成正向比例关系变化,城乡收入差距增大,消费差距也增大,反之亦然。如李孟显选取1996~2011年河北省城乡居民人均收入与消费支出的变化数据统计分析发现,从整体长期趋势来看,河北省城乡居民人均收入差距每变化1个百分点,消费差距就相应地变化0.87个百分点,说明河北省城乡居民人均收入差距对消费差距的影响是非常大的。城镇与农村的收入差距越大,消费支出差距越大,生活水平差距也就越大,这给地区经济发展以及社会和谐稳定都带来了巨大的挑战。

2. 产业结构

城乡居民收入差距扩大影响消费结构的变动,继而对产业结构的变动产生影响。收入差距过大使消费结构走向两个极端:一方面,农村居民收入低,支付能力弱,他们将支出大多花费在生活必需品等低层次商品上;另一方面,城镇高收入阶层的高品质生活追求导致高端商品消费。这样就出现了城乡消费结构的断层,使社会生产和消费严重不平衡,表现在低端消费品产业产能过剩,市场上充斥着量大质不高、技术含量低的产品,却又无法被市场淘汰,高端产业产品需求有限,无法做大做强,产业结构优化升级缓慢。另外,改革开放以来,一度繁荣的乡镇产业由于消费市场的低端化导致自身难以升级优化,最终不利于整个社会经济的发展。

3. 资源分配

城乡居民收入差距增大,会使农村和城镇经济资源无法最优配置,从而呈现"马太效应"。原因有两点：第一，农村居民收入低，在直接经济利益的驱动下，广大农村腹地无法留住青壮年劳动力，劳动力出现了过度转移，农耕文明的延续也遇到前所未有的瓶颈，由此导致农村对人才吸纳的能力减弱，进一步加剧了乡村建设要素资源的匮乏。第二，社会财富越来越集中到少数人的身上，从而引发高收入城镇居民的高品质甚至奢侈消费，导致更多资源为满足高消费需求而消耗掉，使得社会经济资源配置日趋劣化，最终阻碍我国经济的持续发展。

（二）社会风险

1. 社会稳定

过大的城乡收入差距给我国的社会稳定带来一定的风险。过大的城乡收入差距会催生许多的社会不稳定因素，如处于差距弱势端的贫困农民以及农民工在自身的利益无法有效维护或者被强势的城市利益集团剥夺时，更容易采用一些极端的暴力手段或者自残的方式来放大诉求，这些行为在媒体、舆论的传播扩散下很容易给我国社会的长期稳定带来一定的负面影响。因为自古以来沿袭的"不患寡而患不均"的社会观念根深蒂固，当收入的不均等超出社会广大人群的心理承受界限时，人心就会涣散，社会稳定就无法保障。黄应绘等综合运用时间序列分析法等多种统计方法，对我国1986~2008年的相关数据变量进行实证研究，发现城乡收入差距的拉大对我国的社会稳定产生了长远而显著的负面效应，而且它是影响社会稳定最主要的因素。他们认为社会稳定的许多影响因素会通过影响城乡收入差距进而影响社会稳定。

从社会心理学的角度来看，收入差距扩大，会引起社会人群的心理失衡，社会原有的道德规范被打破，社会地位的评价机制被颠覆，整个社会充满了不良的风气，由此会产生很多不安定因素，引发众多的社会问题。我国正处在社会转型期，城乡居民收入差距的进一步拉大，会激发社会人群"不平等"意识的觉醒，加上新型社会的结构规范、秩序规范、行为规范还没有健全，就会引发各种仇恨、报复和对抗社会及政府的行为。伴随着收入差距的扩大，在社会经济地位比较中，社会底层人群会有强烈的心理落差，导致心理失衡，从而为社会阶层矛盾的产生埋下炸弹。因此，城乡居民收入差距如果超过了合理的可接受的范围，被社会人群深刻感知到，就会引发城乡对立，从而导致社会动荡，影响我国经济和社会的有序发展。一些学者专门针对城乡收入差距扩大对刑事犯罪率产生的效应进行研究，如胡鞍钢（2005）研究了城乡收入差距拉大与违法犯罪活动间的关系，最后得出城乡收入差距拉大会引起违法犯罪活动的增多，对社会和谐稳定运行造成严重危害。张向达等也对我国城乡收入差距对刑事犯罪率的非线性效应进行了实证研究,认为我国目前正处在深化社会经济体制改革的关键时期,这一时期会有各种社会矛盾显现出来。收入分配不均等,城乡收入差距拉大,是众多社会矛盾中较为突出的问题之一。刑事犯罪率也会因为收入不均所带来的严重的经济断层而不断上升。

2. 社会福利

王春雷等从公共品溢出的视角讨论城乡收入差距对居民福利产生的影响,认为城乡收入差距的扩大并不必然导致居民福利差距的扩大。因为随着城乡居民收入差距的拉大,城乡公共品供给数量的差距也会被进一步拉大,但是由于城市公共品具有比农村公共品更大的溢出效应,所以当这种溢出提高到某一程度后,城乡居民间的福利差距反而会缩小。

3. 教育均等化

城乡收入差距对教育均等化发展产生了一定的影响。1966年著名的美国《科尔曼报告》(*Coleman Report*)研究表明:教育机会的不均等根源于社会经济文化地位的不平等。这种不平等是社会发展不均衡造成的。换句话说,城乡居民收入差距的不断扩大将使教育呈现非均衡发展态势。原因在于,居民收入与接受教育的可能性之间存在相互关联性。城乡居民收入差距不断扩大,农村教育支付能力减弱,子女受教育的可能性也减弱。尽管国家有义务教育法规,但是农村子女接受职业教育、高等教育的机会将会明显减少。再加上社会不良理念和风气的影响,农村子女大都早早辍学外出打工。由于受教育程度的影响,城乡居民生存能力和发展能力的差距日渐拉大,又反过来进一步扩大了城乡居民收入的差距,从而产生更多不安定因素,又影响到了社会的稳定发展。

(三)生态风险

过大的城乡社会经济差距也加大了自然生态环境的风险。许多边远农村地区基础设施薄弱,生产落后,加上社会公共和保障体系缺失,因此居民长期处于低收入的水平。在内部创收乏力、外部缺乏有效援助所造成的经济贫困面前,他们只能选择向自然环境更大规模、更大范围的索取,这种不可持续的"涸泽而渔"的发展方式势必会造成森林减少、草地退化、水土流失、水资源枯竭、旱涝灾害频繁等生态灾难。随之而来的是区域之间环境质量不平衡程度加剧,进而导致更深的贫困,形成一个开发—生态恶化—贫困—开发的恶性循环。

四、城乡收入差距的影响因素

(一) 户籍制度

户籍制度是我国城乡二元经济结构的重要特征,也是我国城乡收入差距的一个重要原因。户籍制度始于新中国成立初期我国所推行的"重工业优先发展战略"。为了迅速改变我国工业基础薄弱的现状,实现工业资本的迅速积累,国家确定了从农业、农村索取剩余,支持工业、城市的战略。为了维护这种价值转移渠道的稳定性,我国制定并实施了一整套严密的政治经济制度,这些制度赋予了国家对各地区城乡人口以及资源进行统一配置的权利,并制定了城乡之间、不同规模等级城市之间居民生活资料的差异化供应标准。由于城市与乡村、市民和农民之间在经济和各种社会保障等方面存在着较大的利益差别,所以通过建造一道人口流动的壁垒,来保持和维护这种由经济制度带来的"势差"。其中,户籍制度就是这样一道有效的制度闸门,它高效地阻止了农业、农村户口向非农业以及城市户口的转变。

户籍制度主要通过以下两种路径扩大城乡收入差距。第一,户籍制度本身所隐含的城乡之间福利水平的巨大差异。在我国农村、小城市、大城市之间附加在户口上的社会福利存在着明显的级差。如农业户口与城市户口相比,就难以享受到教育培训、住房公积金、失业保险等社会福利待遇。第二,户籍制度的存在造成了劳动力自由流动的障碍以及劳动力市场的扭曲。新古典理论指出,在没有任何外在制度的束缚下,人口应当是从低收入区向高收入区流动,从经济发展水平低的地区向经济发展水平高的地区迁移。这样随着劳动报酬率的一增一减,两类地区间的收入也会慢慢变得平等。但是新中国成立初期我国户籍制度所执行的城市人口控制方针,实际上是剥夺了农村人口向收入较高的城市流动的权利。改革开放后,虽然农民进城务工成为一种普遍现象,但是户籍制度的存在仍然造成了城乡劳动力市场的扭曲,其中,拥有农业户口的农民工与拥有城市户口的城镇职工存在着普遍的同工不同酬现象就是最典型的表现。

(二) 土地产权制度

人类的生存发展离不开农业,农业是最基本的生产源泉。对农业来说,土地又是其本源。农业的生产经营特点决定了其对土地的强烈依赖。农业产业的效率与发展受到对土地资源的占有形式和土地的经营制度的决定性影响,而农业发展水平以及产业比较效率的高低又正好是我国城乡收入差距的潜在原因,因此,从这个角度来看,我国土地产权制度的变迁与我国城乡收入差距之间存在某种内在关联。

土地的产权是指包括土地的所有、使用、租赁、抵押、继承等多种权利在内的一系列排他性权利。围绕土地而制定的核心制度就是土地产权制度,它明确了土地归谁所有,这是一个社会土地制度的基本性质。土地产权制度的完善有利于划清不同权利主体之间的利益界限,调节不同主体的利益分配。以下简要梳理新中国成立以来土地产权制度改革的基本历程。

第一,土地改革阶段(1949~1952)。新中国成立以后,我国进行了轰轰烈烈的土地改革,打破了数千年来地主垄断土地的格局,实现了土地的农民所有制,基本上实现了历代农民运动所倡导的"耕者有其田"的目标。与此同时,确立的小农所有制基础上的农民家庭生产经营组织形式,实实在在地调动了亿万农民的生产积极性。这一阶段的土地改革对当时农业经济的迅速发展来说是功不可没的。我国的粮食总产量从1949年到1952年的三年间就增长了44.8%,棉花总产量增长了1.9倍。与1949年相比,农民的收入也增长了30%以上。

第二,互助组、初级社和高级社制度阶段(1953~1958)。在20世纪50年代初,在已基本实现"耕者有其田"的农村,中央按照自愿以及互利的原则在农村推行了劳动互助、生产资料和土地合作制度。初级农业合作社允许农民以土地入社,享有一定比例的股权。这一时期尽管地权没有改变,但是农民可以获得土地的股息。另外通过"互助组"的形式使得四五户农户间结成一定的互助关系,劳动分工、农具耕畜等生产资料共同分享,并参与分红。这样一来,生产资料的价值得到了充分发挥,农户的积极性得到了进一步提高,前期土地改革所带来的经济绩效也得以持续发挥。高级社1956年由初级社发展而成,规模比初级社大,特点是土地、耕畜、大型农具等生产资料归集体所有,取消了土地报酬,实行按劳分配的原则。

第三,人民公社制度阶段(1958~1978)。"三级所有,队为基础"的人民公社制度,实行高度集中的"一大二公"的管理体制,它在某种程度上完全剥夺了农民的地权。在初级社阶段,自愿互利的原则尚且得到了一定的贯彻坚持,但是在高级社阶段,农民的土地和生产资料就不再是自己能够支配的,短期内都被变成了公有,由上级统一调配和安排,相应的土地的所有权、经营权以及按股分红权都被剥夺。人民公社制度绝对否定私有制以及不现实的高度集中和高度平均主义,给我国农村社会经济的发展带来了灾难性的影响,严重挫伤了农民的生产积极性,也为我国城乡收入差距埋下了隐患。

第四,家庭联产承包责任制阶段(1978年至今)。人民公社的废除以及家庭联产承包责任制的推行,本质上是我国土地产权制度的一次创新性革命。它在不改变土地集体所有的前提下,将土地的使用权、经营权部分下放到了农户手中,重新确立了农户作为农业生产和受益分配等经济决策的主体地位,这种土地产权制度的安排在某种程度上适应了当时我国农村社会发展的要求,极大地调动了农民生产的积极性,使陷入崩溃边缘的农村经济摆脱了困境。然而,家庭联产承包责任制在实践过程中始终存在着矛盾,其中主要体现为承包权与使用权的矛盾。农民所拥有的承包权体现了农民的直接利益,然而这种利益常常被集体以及地方政府所宣称的所有权剥夺。在我国快速城镇化进程中,失地农民往往只能获得较低的土地征收补偿金,就是典型的印证。这种土地产权制度的缺陷,直接造成了农村土地价值向城市的外溢,从而加剧了城乡间收入的不平衡。

从以上我国土地产权制度变迁历史的梳理不难看出,土地产权制度的设计与安排深刻影响着农业的发展及农民的收入。在工业化以及城镇化的进程中,农村土地产权制度的缺陷进一步造成了城乡土地要素价值向城市的外溢,因此土地产权制度对城乡收入差距的影响不容忽视。

(三) 土地市场化

土地资源对经济增长和社会发展的特殊性,有效地助推了当今中国的工业化和城市化进程。土地资源的配置方式决定了其配置的效率,进而也影响到了居民收入的分配。1978年后,随着社会主义市场经济体制改革目标的确立,中国走上了一条渐进式的市场化改革道路。农村居民的收入因为土地市场化配置方式的改变而改变了,进而也直接影响了城乡居民收入的差距。这种影响机制主要是通过土地资源价值的市场转化来体现的。首先,土地资源作为一种市场上可用来交换的要素能够让农民产生财产性收入。按照现行的土地制度,土地市场化所带来的财产性收入主要包括土地征收带来的补偿性收入、农用地的承包经营权流转产生的收入、宅基地物权衍生的出让金和出租金等收入。其次,农民将土地要素交换产生的财产性收入进行市场其他领域的投资,也能够赚取一定的资金收入。最后,土地要素的流转大幅度提高了土地资源配置的效率,使得土地资源的价值得到充分的发挥,比如农业规模化、集约化和高效化的经营。由此,土地资源要素的市场化不仅使农业种植效率得到提高,还促进了农村富余劳动力的转移与重新配置,更加推进了农村金融市场的发育和农村服务业的发展。这些因素共同发挥作用的结果,就是农村居民的收入得到提高,进而显著缩小了城乡居民收入的差距。另外,从社会收入再分配和社会福利保障的角度来看,土地和劳动力资源通过市场这只"看不见的手"的指挥,两者之间的配比效率更趋合理和优化,一定程度上加快了经济增长的速度,还会使国民生产总值得到增加。政府可以采取财政补贴或转移支付等多种方式,让社会弱势和农村贫困群体分享国民经济增长的成果,进而也会缩减城乡居民收入差距。

学者们不仅从理论上提供了土地资源市场化配置方式缩小城乡收入差距的依据,还从实证层面上验证了土地市场化对城乡居民收入差距的影响。比如利用一个时间区段的一定地域范围的面板数据来分析土地市场化水平与城乡居民收入差距之间的关系。钱忠好等发现两者间成"倒 U"形关系,并得到"倒 U"形的顶点是 25.33%。可以这样认为,城乡居民收入差距在土地市场化水平达到 25.33%之前在不断扩大,之后就开始缩小。李群峰也根据《全国土地利用变更调查报告》和上述 10 年间 28 个省份的土地实际流转交易数据设计农地市场化测算指标,利用 Hansen(1999)提出的面板门槛模型回归方法,探寻了农地市场化对我国城乡收入差距产生的影响。他的研究表明,农地市场化水平对城乡收入差距的影响临界点值为 19.07%。尽管两个临界点值不同,但是城乡收入差距最终逐渐缩小的趋势是一致的。

(四)人力资本

正如舒尔茨关于福利改善因素的相关理论所提出的那样,耕地、能源并不能有效提升穷人福利,知识的增加、能力的提高才是福利增进的关键性因素。从这个角度看,城乡之间人力资本质量的巨大差异也是导致我国城乡收入差距的一个重要原因。对此许多学者都通过研究予以了证实。李勋来、李国平(2005)认为城乡居民收入差距的深层次原因就是城乡人力资本的差异。陈斌开、张鹏飞和杨汝岱(2010)利用 2002 年 CHIP(中国居民收入调查)数据的研究也证明了人力资本间的差异构成了城乡居民收入差距的主要原因。蔡昉(2005)在文献中分析得出人力资本间的差异能够有效解释农村居民与城市居民间的全部工资收入差别,这一解释性比例已经超过了一半,达到 57%。同时,人力资本差异在 54%的比例上解释了就业岗位间的工资差异,在 61%的比例上解释了就业岗位内的工资差异。白雪梅(2004)、郭剑雄(2005)、刘文忻和陆云航(2006)等均利用数据研究发现,城乡人力资本差异对城乡居民收入差距具有显著的正向影响。

除了不同的人力资本差异会造成收入分配的巨大差异外,人力资本这一要素对我国城乡收入差距产生作用的另外一个重要的途径就是人力资本的外溢性,这种特征在我国农村人力资本上表现得尤为强烈。由于城乡分割的二元体制的存在以及倾向于城市发展的政策,国家对农村人力资本的公共投资相比城市而言,少之甚少,因而农村人力资本投资中有更高的私人投资比重。农村人力资本形成的私人成本高于城市,这对城乡居民的收入产生了直接的影响。加上城市同质的人力资本报酬要显著高于农村,因此在劳动力人口可以自由流动的情况下,农村形成的人力资本具有流向城市的倾向。这种农村人力资本成本由农村承担、价值输往城市的资本外溢性,其本质上是城市对农村利益的剥夺。农村对城市价值转移的形成因素无外乎就是政府对农村人力资本公共投入匮乏、农村人力资本的溢出性、城市劳动力市场对农村人力资本的歧视三个方面。对此,学者们也通过模型的推导以及实证分析予以了证实。侯风云和张凤兵(2007)进行实证分析,结果表明,农村人力资本的外溢效应明显地拉大了城乡收入差距。朱长存、马敬芝(2009)通过实证分析发现,我国超过四成的城乡收入差距是由农村人力资本的外溢性所造成的,要缩小城乡收入差距,必须采取措施减少农村劳动力转移过程中的人力资本外溢。

(五) 经济增长

经济增长也是城乡收入差距的重要影响因素。其中以美国著名经济学家、统计学家库兹涅茨所提出的"倒U"假说最为典型。他在1955年发表的《经济发展与收入不平等》一文中,通过对几个不同发展阶段的国家所反映的收入差距进行研究后提出了著名的"倒U"假说。此假说认为经济增长的早期阶段,收入分配不平等的趋势会明显增加,之后是短暂的稳定期,随着经济的继续增长,这种不平等的趋势会逐渐减弱,收入差距开始缩小。他还认为,发展中国家在达到发达国家的经济水平的整个长期过程中,居民收入差距的拉大是不可避免的,一定会历经"先恶化,后缓解"的变化过程。他进一步指出收入差距开始呈现拉大的趋势是因为累积效应和城市化效应的共同作用。首先,大量的财富集中在少数人手中,形成了占比较小的富裕阶层,他们的储蓄和积累才是经济增长的真正动力,因而就会呈现出社会财富分配不均衡的现状,即马太效应,穷者越发贫穷,富者越发富裕。其次,工业化和城市化是经济增长的必然结果,随着城市建设投资力度的加大,城市居民收入要远远高于农村居民收入,这也必然引起收入分配的不均等。但随着一国经济的进一步发展,国家将有更多的经济以及社会政策来调节收入分配,因此在工业文明发展的后期,收入差距又将会逐渐缩小。对这种理论,二元经济结构理论的开创者刘易斯也予以了认同。他认为,在经济发展的初级阶段,现代工业部门工人的收入与传统农业部门农民的收入相比较呈现出巨大的差距,但随着经济的继续发展,即城市化以及工业化的不断深入,大量的农村剩余劳动力进入现代部门,会整体拉低现代部门的平均工资,同时随着农业部门的剩余劳动力逐步消失,劳动从无限供给变为稀缺要素,农村劳动人口的比较劳动力以及收益会不断上升,因此整个城乡间的收入差距将会缩小。

  对经济增长所伴生的城市化、工业化是否会对城乡收入差距产生影响的问题,国内学者也进行了广泛的研究和讨论。程开明、李金昌(2007)通过计量分析得出城市与乡村居民收入差距拉大的一个显著因素就是城市化进程和城市倾斜的发展战略。周少甫等(2010)研究发现城市化水平对城乡收入差距具有显著的门槛效应,他们用数字定位了这个门槛,即0.456。当城市化水平低于0.456时,它对城乡收入差距的缩小作用并不明显,但当跨越这个门槛后,城市化的提高会显著地缩小城乡收入差距。李宪印(2011)通过构建向量自回归模型,进一步分析发现,城乡收入差距扩大与城市化进程两者之间相互产生影响,这种相互性表现在城乡收入差距扩大可以加速城市化进程,反过来,城市化进程又对城乡收入差距扩大产生长期的影响。

第三章 我国土地制度的演变及土地要素交换典型案例分析

第二章介绍了中国城乡收入差距的现状、效应及影响因素,其中土地要素是影响城乡收入差距的最主要因素,土地要素能否实现平等交换是缩小城乡收入差距的关键。要研究土地要素交换问题,首先要了解我国土地制度变迁的历程,尤其是实行家庭联产承包责任制以来我国土地制度的变迁,通过梳理土地制度变迁的历程,得出我国土地制度变迁对当前土地制度改革的启示。研究土地要素交换问题除了要了解我国土地制度变迁的历程和启示以外,还需要对当前典型地区土地制度改革的实践做法进行研究,并且总结相关的实践经验。由于各个时期历史背景的不同,社会主要矛盾的差异,不同阶段我国土地制度不尽相同。家庭联产承包责任制是我国当代土地制度改革的分水岭,因此,本章将首先分析改革开放以来我国土地制度的演变历程,从土地制度改革的根本、前提、宗旨、出发点、目标和保障等几个方面阐述我国土地制度变迁的启示;其次选取安徽省铜陵市义安区、安徽省六安市金寨县、内蒙古自治区呼和浩特市和林格尔县以及浙江省湖州市德清县等四个典型地区,介绍农用地流转、新型农业主体发展、土地征收和农村集体建设用地入市等不同类型土地要素交换的实践做法,并总结这些典型地区土地要素交换的实践经验及启示。通过对我国土地制度变迁的历程和土地要素交换典型案例的分析,总结出相关经验及启示,为我国土地制度改革提供借鉴,最终为土地要素平等交换对缩小城乡收入差距的路径选择提供启示。

一、我国土地制度的演变及启示

党的十一届三中全会以后,改革开放开始成为中国经济发展的主旋律。经济改革始于农村,核心就是土地政策。以人民公社"三级所有,队为基础"的经营制度全面解体,新的以"包产到户、包干到户"为标志的家庭经营体制确立。我国的农村土地政策发生了历史性的变迁,变迁主要围绕家庭联产承包责任制展开,因此,本部分主要阐述改革开放以来我国土地制度的演变历程及启示。

(一) 我国土地制度的演变历程

1978年,中央强调继续和维持1959年以来"三级所有"的体制,同时指出,社员自留地是社会主义经济的必要补充部分,经营方式上肯定了"包工到作业组,联系产量计算劳动报酬"的责任制,但仍规定"不许包产到户,不许分田单干"。1979年,政策开始放宽,初步肯定了"包产到户"的办法,允许某些副业生产的特殊需要和偏远地区、交通不便的单家独户可以包产到户,但仍"不许分田单干"。1980年春,关于"包产到户"的问题争议比较激烈。"农村政策放宽以后,一些适应搞包产到户的地方,搞了包产到户效果很好,变化很快。"同年5月,邓小平同志的正式表态统一了人们的认识,有力地将刚刚兴起的农村土地改革政策向前推进。同年9月,中央文件对联产承包责任制做了肯定。此后,以"包产到户、包干到户"形式为主的各种生产责任制如燎原之势,迅速推开。到1981年10月,全国农村基本核算单位中,建立各种形式生产责任制的已占97.8%,其中"包产到户""包干到户"的占50%。1982年1月,中央以一号文件的形式第一次明确了"包产到户"的社会主义性质,突破了传统的"三级所有、队为基础"的体制框框,指出"目前实行的各种责任制,都是社会主义集体经济的生产责任制",还特别指出,它不同于合作化以前的小私有的个体经济,是社会主义农业经济的组成部分。这进一步消除了人们的思想疑虑,促进了"包产到户"的迅速发展。同年12月,修正后的《宪法》明确规定:"城市的土地属于国家所有;农村和城市郊区的土地,除由法律规定属于国家所有的以外,属于集体所有。"同时规定恢复原来的乡、镇、村体制。这标志着实行了20多年的人民公社开始解体。

1983年的中央一号文件,从理论上说明了家庭联产承包责任制"是在党的领导下中国农民的伟大创造,是马克思主义农业合作化理论在中国实践中的新发展",并对家庭联产承包责任制给予了高度的评价:克服了管理过分集中和平均主义的弊病,继承了合作化的积极成果,坚持了土地等生产资料的公有制和某些统一经营的职能;这种分散经营与统一经营相结合的经营方式具有广泛的适应性,既可以适应那时手工劳动为主的状况和农业生产的特点,又能适应农业现代化的要求。1984年、1985年和1986年,中央又分别发出一号文件,开始关注农村农业的具体发展问题,农村经济体制改革向纵深发展。家庭联产承包责任制得到稳定,改革全面转入农业产业结构调整和农产品、农业生产资料流通领域,并进行了土地流转的探索和实践。1987年,中央决定建立农村改革试验区,土地制度是主要的试验项目。1988年4月,第七届全国人民代表大会第一次会议对1982年的宪法修正案做出规定:"任何组织或者个人不得侵占、买卖或者以其他形式非法转让土地。土地的使用权可以依照法律的规定转让。"这一宪法修正为土地转包从理论走进实践奠定了法律依据,进一步发展了这一阶段土地政策的内涵。

1992年,邓小平南方谈话和党的十四大的召开,极大地解放了人们的思想,农村经济发展又进入了一个新高潮。稳定和深化家庭承包经营制度成为这一时期农村土地政策的主题。中央指出,要使家庭承包经营为主的责任制长期稳定,并不断深化,必须将其纳入法制的轨道;依法管理农村承包合同,这是稳定和完善家庭联产承包责任制的重要保证。1993年3月,第八届全国人民代表大会第一次会议再次对宪法进行修正,将"家庭承包经营"明确写入宪法,使其成为一项基本国家经济制度,结束了多年来人们对家庭联产承包责任制的争论。在第一轮土地承包即将到期之前,中央再一次宣布,土地承包期再延长30年不变,提出"大稳定、小调整";及时向农户颁发土地承包经营权证书;整顿"两田制",严格控制和管理"机动地",规定所占耕地总面积的比例一般不超过5%;并对土地使用权的流转制度做出了具体规定。1997年9月,党的十五大报告中对"三农"问题的阐述,为农村土地政策的发展指明了方向。1998年,"土地承包经营期限为30年"的土地政策上升为法律,稳定承包关系具有了法律的保障。同年10月,党的十五届三中全会决定"长期稳定农村基本政策",第三次提出坚定不移地贯彻"土地承包期再延长30年"的政策,土地使用权的合理流转,要坚持自愿、有偿的原则依法进行,不得以任何理由强制农户转让;同时也指出,少数确实具备条件的地方,可以在提高农业集约化程度和群众自愿的基础上,发展多种形式的土地适度规模经营。

1999年,延长土地承包期的工作已进入收尾阶段,中央对土地延包工作做了进一步的规定,第四次提出承包期延长30年,并且要求承包合同书和土地承包经营权证"一证一书"全部签发到户,实行规范管理,确保农村土地承包关系长期稳定。2000年,《中共中央关于制定国民经济和社会发展第十个五年计划的建议》指出,要加快农村土地制度法制化建设,长期稳定以家庭承包经营为基础、统分结合的双层经营体制。此后,农村土地政策的法制化建设进入了快车道。进入21世纪,国家土地管理制度日益强化,各种必要法律法规逐步制订与完善。建立"世界上最严格的土地管理和耕地保护制度"成为我国政府追求的目标。2002年8月,《中华人民共和国农村土地承包法》公布,明确规定了农村土地承包采取农村集体经济组织内部的家庭承包方式;国家依法保护农村土地承包关系的长期稳定,标志着从法律上规定了未来一段时期内农村土地产权政策的基本走向。随之,《中华人民共和国农村土地承包经营权证管理办法》(2004)、《中华人民共和国农业技术推广法》(2004)、《中华人民共和国农业法》(2004)、《农村土地承包经营权流转管理办法》(2005)等一系列相关法律法规公布实施。

2004~2007年,中央再一次连续四年以一号文件的形式发布了有关"三农"问题政策的意见。意见指出了要加快土地征收制度改革,严格遵守对非农占地的审批权限和审批程序,严格执行土地利用总体规划;严格区分公益性用地和经营性用地,明确界定政府土地征收权和征收范围;完善土地征收程序和补偿机制,提高补偿标准,改进分配办法,妥善安置失地农民,提供社会保障;积极探索集体非农建设用地进入市场的途径和办法。2008年10月9~12日,中国共产党召开十七届三中全会,上述提法在会上得到更为明确的表述,会议通过了《中共中央关于推进农村改革发展若干重大问题的决定》(以下简称《决定》),《决定》指出,允许农民以转包、出租、互换、转让、股份合作等形式流转土地承包经营权,发展多种形式的适度规模经营,并强调有条件的地方可以发展专业大户、家庭农场和农民专业合作社等规模经营主体。

2008~2017年,党中央又连续十年发布了以"三农"为主题的中央一号文件,强调了"三农"问题在中国的社会主义现代化时期"重中之重"的地位。近三年的中央一号文件更加注重我国的农业现代化建设。2013年中央一号文件指出:"要全面开展农村土地确权登记颁证工作,并且加快推进征地制度改革,并计划用5年时间来进行农村土地确权工作。""加快推进征地制度改革。依法征收农民集体所有土地,要提高农民在土地增值收益中的分配比例,确保被征地农民生活水平有提高、长远生计有保障。"2013年11月12日,中共十八届三中全会审议通过《中共中央关于全面深化改革若干重大问题的决定》,明确提出:"允许农民以承包经营权入股发展农业产业化经营,鼓励承包经营权在公开市场上向专业大户、家庭农场、农民合作社、农业企业流转,发展多种形式规模经营。"这是对以农村土地股份合作社方式进行农地流转的肯定,也是对2013年中央一号文件的肯定。2014年的中央一号文件,继续强调加快农村土地制度改革,要求"稳定农村土地承包关系并保持长久不变,在坚持和完善最严格的耕地保护制度前提下,赋予农民对承包地占有、使用、收益、流转及承包经营权抵押、担保权能。在落实农村土地集体所有权的基础上,稳定农户承包权,放活土地经营权,允许承包土地的经营权向金融机构抵押融资"。2015年、2016年和2017年的中央一号文件继续强调了要完善"三权分置"办法,继续扩大农村承包地确权登记颁证整省试点范围,继续推进农村土地征收、集体建设用地入市和宅基地制度改革工作,不断提高农民在土地要素交换中的增值收益。2017年,党的十九大明确提出第二轮土地承包到期后再延长30年。

(二) 我国土地制度演变的启示

土地问题是关系到中国社会变迁和发展的重大问题,是中国"三农问题"的重中之重,土地制度又是解决土地问题的理论指导。由于各个阶段历史背景的不同,社会主要矛盾的差异,不同阶段我国土地制度不尽相同。从梳理1978年以来我国土地制度的演变中可以得出以下启示。

1. 以确保国家粮食安全为根本

我国是一个农业大国,人口多,耕地资源少,用不到全世界9%的耕地,养活了世界21%的人口。人多地少的现状,决定了粮食安全问题是中国的头等问题。再从全球粮食市场需求和供给角度来看,全球粮食供给小于需求,粮食出口量小于粮食进口需求,这在某种程度上决定了我国粮食安全问题不能完全依靠国际粮食贸易来解决,必须依靠我国自己来解决,而确保我国粮食安全的根本在于我国农村土地制度,完善的土地制度对保证我国粮食生产、提高农民的种粮积极性、促进农民增收具有重要的意义。纵观1978年以来我国土地制度演变的历史进程,确保我国粮食安全是土地制度改革的根本,从家庭联产承包责任制确立到现今的土地确权,都是以确保国家粮食安全为出发点的。未来土地制度的改革也必须以确保国家粮食安全为根本,在此基础上进行改革与创新。

2. 以改革和创新为前提

我国土地制度的演变表明,改革和创新始终是土地政策制定的前提。从安徽凤阳小岗村最早实施大包干到全国范围内实施家庭联产承包责任制都反映了改革和创新是土地制度演变的前提。没有改革和创新的思路,难以破解土地制度存在的问题。新时期,一方面,我国农村土地制度存在农民分散经营与规模经营的矛盾,特别是随着农村劳动力大量往城市非农产业部门转移,农村生产经营出现了老龄化和妇女化的现象,势必会影响土地经营的效率。另一方面,专门从事农业生产的农民扩大规模经营的愿望较为强烈,但是分散的家庭承包经营制度在一定程度上阻碍了专业农民扩大土地规模经营的进程。这时就需要用改革和创新的思维对现有土地制度进行改进和完善,以适应生产发展的需要。同时,现有农业支持政策对土地规模经营也产生了阻碍作用,例如,现有农业补贴政策并不是按照真正经营农业和粮食生产的农民来进行补贴的,而是按照家庭联产承包经营主体来进行补贴的,这在一定程度上加重了愿意流转土地扩大经营规模的农户的土地流转成本,不利于土地的流转和土地的规模经营。未来应该加大农业补贴政策改革和创新的力度,农业补贴政策应该向真正从事农业生产的农户倾斜,以此来提高从事农业生产经营的农民、家庭农场和经济合作组织等相关主体的积极性,确保国家粮食安全。

3. 以解放生产力和发展生产力为宗旨

新中国成立以来,中国共产党取得政权以后,为了巩固政权的基础,在全国范围内进行了土地改革,至1953年初,全国基本上完成了土地所有权和经营权统一归农民所有的小土地私有制。但是那时我国物质缺乏、生产力低下,农村生产恢复缺乏物质和人力资源,在这种情况下,我国农民走向了互助合作的道路,也就是初级社,初级社的建立符合生产力发展的需要。初级社后期阶段,土地的所有权和经营权出现分离,农民土地的经营权归合作社所有,到了高级社阶段,农民土地所有制逐渐转变为合作社集体所有制,偏离了农民的意愿。到后来的人民公社化阶段,我国农村实行了"三级所有,队为基础"的体制,并且实现了政、经、社合一的体制。1949～1978年,我国农村土地制度从农民土地所有制到集体经营制演变,最开始的过程符合生产力发展的需要,但是随着后来的"大跃进""人民公社化运动"等错误路线的影响,逐渐偏离了农民的意愿,偏离了生产力发展的需要。这一阶段中国农业生产增长缓慢,个别年份农业生产出现了负增长的现象。这一阶段的土地制度是中国土地制度变迁的一次尝试,没有经验可以遵循,同时也为后来的农村土地制度改革提供了经验借鉴。1978年以来,为了解放和发展农村生产力,我国逐步确立了家庭联产承包责任制,极大地调动了农民种粮的积极性,使得农村生产力得到空前的解放和发展,农业生产出现了稳产增产的成果。

土地制度属于生产关系的范畴,按照马克思生产力与生产关系之间的辩证关系理论,生产关系的建立应该适应生产力发展的需要。因此,我国土地制度的改革应该适应我国生产力发展的需要,以解放生产力和发展生产力为宗旨。从我国土地制度变迁的规律来看,凡是能够解放生产力和发展生产力的土地制度就能促进经济的发展,而阻碍生产力发展的土地制度就会阻碍经济的发展。因此,解放生产力和发展生产力是土地制度改革的宗旨,是衡量土地制度改革的标尺。

4. 以提高农民种粮积极性为出发点

1978年以来,我国实行了家庭联产承包责任制,这对解放农村生产力起到了极大的促进作用。家庭联产承包责任制极大地调动了农民种粮的积极性,解放了农村生产力,促进了农业生产的发展,增加了农民收入。但是由于当时我国的城乡二元经济结构,农民收入来源渠道单一,20世纪80年代后期,农民增收出现了困难,一些地方存在着对农民乱收费、乱摊派的现象,农民负担逐渐增加。20世纪90年代,随着我国经济的发展,农业产值占GDP的比重逐渐降低,农村劳动力出现了大量外出务工的现象,大量农民弃耕、弃农,2000年以来我国粮食产量出现了连续下降的趋势。针对这一现象,国家从2000年开始进行农村税费改革试点,2006年全面取消农业税,有效地调动了农民的种粮积极性。同时,为了充分调动农民进行农业生产和种粮的积极性,我国开始对粮食价格实施保护政策。从20世纪90年代初实施的粮食议购指导价收购政策到2004年起实施的粮食最低保护价收购政策,再到2008年开始对东北地区和内蒙古地区玉米实施的临时收储价格政策,这些粮食价格保护政策的制定与实施是我国土地制度改革的配套措施,充分调动了农民种粮、务农的积极性。同时,国家从2004年开始不断对农民进行种粮直补、良种补贴和农机具购置补贴,2006年,国家对种粮农民进行农业生产资料综合补贴,以降低农业物资价格变动对粮食生产的影响。国家用于粮食补贴的资金逐年增加。2015年以来,国家开始不断调整粮食补贴政策,新增财政补贴重点支持重点农产品、新型农业经营主体和粮食主产区。这些农业保护政策是我国农村土地制度改革的主要内容之一,这些政策的实施有利地调动了农民种粮的积极性。从2004年开始,我国粮食生产出现了连续增长的状况,至2015年,我国粮食生产已经取得了12年增长的可喜成绩。农村土地制度的改革以及农村土地改革的支持政策,有效地调动了农民种粮的积极性,解放和发展了生产力。

随着城市经济的快速发展,工业和服务业快速发展,对劳动力需求显著增加,大量农村富余劳动力从农村流转到城市,从农业转移到非农产业,农民工资性收入快速增长,生活水平不断提高。但是,随着农村大量优质劳动力转移到非农产业以后,农业经营出现了老龄化、妇女化的现状;同时,由于我国农民家庭拥有的耕地面积较少,并且地块比较分散,难以出现规模经济效应,从事农业生产经营的农民收入难以获取社会平均利润,收入水平低于全国平均水平,很难调动农民生产的积极性。即使国家对农业进行补贴的力度不断增加,但是由于我国目前实施的农业补贴是普惠制,每个农民获得的补贴金额相对较少,难以继续有效地调动农民进行农业生产经营的积极性。未来,农业补贴政策的改革仍然要以调动农民种粮积极性为根本出发点,加大对专业农民、种粮大户、家庭农场和农业合作经济组织等新型经营主体的补贴力度,以此真正提高农业生产经营主体的积极性。

5. 以农民增收为目标

我国的"三农"问题说到底就是农民增收的问题,农民增收是我国农村土地制度改革的目标,也是衡量我国农村土地制度的标准。从1978年我国农村逐步确立家庭联产承包责任制以来,农民收入不断增加,同时国家根据不同经济发展阶段,采取了不同的政策措施来促进农民收入的增加。例如1978年开始逐步建立家庭联产承包责任制,农村生产力得到了空前的解放,农业获得了丰收,农民收入获得了增加。随着我国经济的进一步发展,到20世纪90年代末,农民单纯依靠农业增收的空间越来越受到限制,这时国家逐步放开城乡分割的二元经济结构,大量农村劳动力转移到城市从事非农产业,获取工资性收入,工资性收入成为农民增收的另一主要来源。这时,由于农业产值占整个国家总产值的比重逐渐下降,我国从2004年开始逐步取消农业税,调动了农民务农的积极性,促进了农民收入的增加。近年来,随着农村劳动力非农转移进程的加快,农业经营的主体逐步发生了变化,为了增加真正从事农业生产经营活动的农民的收入,国家逐步完善农村土地制度,确保农民对土地的经营权享有流转、出租、抵押的权力,鼓励土地流转和规模经营。结合近几年的中央一号文件,可见党中央对农村土地改革的决心。近年来开展的土地确权就是要求在保持农民所有权不变的前提下,通过对产权的有效分割和界定,进一步保证农民的土地物权。土地确权可以更好地保障农民对土地的所有权,强化农民的基础地位。通过对土地精确的测量,可以得到翔实可靠的土地信息,使得以土地为载体的支农惠农政策得以实施;允许农民利用土地承包权进行融资,可以增加农民的融资渠道;土地确权登记,可以为政府部门提供土地信息,完善土地流转;土地确权的进行,使土地的归属更加清晰明了,为农民的土地权益提供可靠依据,减少了土地纠纷。这些政策的制定和完善都是为了促进新型农业经营主体收入的提高。因此,农民增收是农村土地制度改革的目标。

6. 以社会和谐为保障

从1978年以来我国土地制度改革的历程来看,确保社会和谐是土地制度改革取得成功的保障,没有和谐的社会环境,任何改革都难以取得成功。当前,我国"三农"问题的核心在于农民增收困难,而农民增收困难的原因在于农村人口过多,人均耕地资源占有量较低,而造成人均土地资源较少的原因在于非农化的农民并没有放弃土地的承包经营权。一方面,一些非农产业就业的农民虽然具备转换为市民的条件,但是并没有从农村和农业中转移出去,这其中最主要的问题在于这部分农民虽然在城市就业,但是却缺乏与城市市民一样的医疗、教育和养老等社会保障制度。长期以来,与我国的户籍制度相适应,我国的社会保障体系并存着两个既相互独立又相互联系的层次,城镇企事业单位中的就业人员享受着相对较为完善、水平较高的社会保障服务,而我国大部分农村人口游离于国家的社会保障制度之外,从而导致我国农村社会保障事业发展严重落后于城镇,并与农村经济改革相脱节。我国农村是以"土地和家庭"为主的社会保障模式,随着农村城镇化和家庭小型化的发展,家庭保障的功能逐步弱化。而随着市场经济的发展和农村社会的发展,土地保障也并不能承担农民抵御生活风险的全部负担。另一方面,农民以土地作为其生存和养老的主要手段,大多数农民不愿彻底脱离土地并放弃这一重要的生活来源,农民兼业化普遍,阻碍了农民进一步职业分化和农村非农化、城镇化的发展,只有建立起较为完善的农村社会保障体系,才能切实解决农民的后顾之忧,促进农民的彻底职业分化。没有社会保障制度对土地和家庭保障的替代,农村剩余劳动力永远无法真正脱离土地。加快土地流转,扩大土地经营规模,这一目标的实现需要和谐的社会环境作为保障。新时期,在推动中国土地制度改革的同时,注重对相关利益主体,尤其是农民群体利益的保护,加大财政对农村公共服务和社会保障的投入补贴力度,尤其应加大对愿意流转出土地进入城市、成为市民的农民的社会保障的财政投入力度,缓解非农化农民的后顾之忧。合理配置教育资源,推进义务教育城乡均衡发展,巩固提高城乡义务教育水平,建立健全城乡一体化的基本公共教育服务体系。积极开展城乡劳动者技能培训、职业培训,提高进城农民的素质和技能;逐步推进农业转移人口享有城镇基本公共服务,促进农业转移人口市民化。探索并逐步建立城乡一体化的基本医疗保障制度,加快健全农村重特大疾病保险和救助制度,加强医疗救助信息化建设,逐步实现异地结算。提高农村低保标准和补助水平,逐步推进城乡低保制度统筹发展,实行动态管理下的应保尽保。加快推进养老保险制度改革,完善农村居民基本养老保险制度,健全农村留守儿童、妇女、老年人关爱服务体系。

　　土地是农民的根本,是农民安心立业的基础。中国共产党从成立之初到现阶段各个不同时期都非常关注土地改革问题。根据不同历史时期社会的主要矛盾,党及时调整和改革了土地制度以适应生产力发展的需要。新中国成立之前的土地改革适应了各个时期革命的需要,激发和调动了广大人民革命的热情,先后取得了抗日战争和解放战争的胜利。新中国成立之初的土地改革大大地激发了农民的生产热情,极大地提高了生产率,但后来的农民土地集体化导致农民生产的积极性消退,造成了土地利用低下。改革开放以后的家庭联产承包责任制使得两权分离,解决了土地生产效率低下的难题。但目前的土地改革尚未完成,出现了一些问题,具体表现为:对土地所有权主体尤其是集体土地所有权缺乏明确的规定,出现了村委会行使集体土地使用权的现象,导致作为土地所有权主体的农民对集体土地缺乏认同感;法律法规不完善,对土地经营承包权缺乏足够的保护,使得土地被无故征收的事件频发。解决这些问题需要对现有土地制度进行改革与创新,以适应生产力发展的需要。

"三农"问题是世界难题,而土地制度问题又是"三农"问题的重中之重,土地制度问题关系到千千万万中国农民的切身利益,在改革和创新的时候应该坚持一致性原则,同时应该根据经济和社会发展的需要积极改革和完善土地制度。未来中国问题的关键仍然是"三农"问题,而农业、农民的根本仍在土地,所以土地制度的变革仍离不开农民,只有尊重农民的意愿,达成国家与农民意见的一致,才能确保土地制度改革的成功。在土地制度保持长期稳定的基础上,土地使用权制度的多方位、多层次变革将成为重心。基于土地承包经营长久不变的政策,土地家庭经营与现代化的规模经营并不矛盾,特别是在土地使用制度日益完善的发展趋势下。而"明确所有权,稳定承包权,放活使用权"的土地基本政策,又保证了土地使用制度的细化和灵活应变性,所以,未来的土地制度应该是规范化与灵活性、稳定性与应变性完美结合的制度,变革的重心仍将是土地使用制度的多方位、多层次变革。

二、我国土地要素交换典型案例分析及启示

　　激发农村土地的活力,带动农村经济的发展,促进农民增收的长效机制,是我国的重大现实问题。通过促进农村土地承包经营权的流转,鼓励农村土地适度规模经营,是否可以有效缩小我国城乡居民的收入差距?还存在哪些不足?课题组在全国范围内遴选了四个调研点开展调研论证,分别为铜陵市义安区、六安市金寨县、内蒙古和林格尔县及浙江省德清县。选择以上四个调研点,主要基于地理区域分布及特征的考虑。我国地大物博,东西南北气候、土壤、农业作物差异大,铜陵市义安区属于我国长江经济带,六安市金寨县属于我国中部地区,内蒙古和林格尔县属于我国华北地区,浙江省德清县属于我国东部地区。从横向来看,这基本可以兼顾东、中、西三大地区的地理分布特征;从纵向来看,基本可以兼顾北、南两大地区的地理分布特征;从地形来看,基本可以兼顾平原、丘陵和山区等的地理分布特征。从以上分析来看,选择的四个调研点具有典型代表性。

(一)安徽省铜陵市义安区

1. 农村土地流转的现状

　　近年来,铜陵市义安区农村土地流转工作按照"农民自愿,政府引导,积极扶持,规范管理"的原则,坚持以农业增效、农民增收为核心,以促进农业规模经

营为主线,强化措施,规范有序推进农村土地流转规模经营工作,成效显著。到"十二五"末,铜陵市义安区土地流转面积占可流转耕地总面积的80%以上,规模化经营程度达60%以上,大力提升了农业规模经营水平,促进现代农业发展,促进农民收入增加。2012年,铜陵市在安徽省率先推进农村土地流转制度改革,相继出台了《铜陵市农村产权制度改革若干指导意见》及市场配置、抵押融资、产权交易等8个方面的配套方案。主要做法包括以下四个方面:一是推动农村土地确权发证工作。对农村集体建设用地、农村房屋、宅基地、承包地(林地)等进行确权发证,截至2014年3月,集体土地所有权发证99%,集体建设用地使用权发证91%,宅基地使用权发证94%。农房测绘工作全部完成,承包地确权发证试点已启动。二是培育农村产权流转交易市场。在现有公共资源交易中心的基础上,加挂农村产权综合交易所,搭建农村产权综合交易平台。目前,《铜陵市农村产权交易管理办法》《铜陵市农村产权交易管理规则》等相关文件已拟定,各乡(镇)村都成立了土地流转服务中心,平台搭建等各项准备工作有序展开。三是开展农村产权抵押融资工作。出台了《铜陵市农村产权抵押融资总体方案》及农房、集体建设用地、承包地等融资管理办法,拟定了《铜陵市农村产权融资贷款保证保险风险补偿暂行办法》,农村产权交易和抵押融资等各项操作政策进一步完善。四是实施农村土地流转奖励政策。奖励对象为铜陵市义安区范围内从事农业生产规模经营的经营户、二轮土地承包经营权流出户以及农民专业合作社等,二轮土地承包户将土地流转给经营户,给予每亩(1亩=667平方米)每年25元补助;大宗农业连片经营面积在100亩以上,给予每亩每年30元补助;特色农业连片经营面积在50亩以上,给予每亩每年50元补助;生姜、凤丹连片经营面积在10亩以上,给予每亩每年50元补助。

据铜陵市义安区农委统计,义安区耕地土地流转率位居全省前列。截至2013年9月底,全区农村耕地流转面积共有13.1万亩,占二轮家庭承包经营面积的62.3%,50亩农村耕地规模经营面积达到11.7万亩,规模化经营程度达56%,流转规模集中度显著提高。全区农村土地流转规模经营户累计达到421户,其中100亩以上规模经营户有395户,500亩以上有52户,1000亩以上有18户,3000亩以上有2户,1万亩以上有1户,全区土地流转示范村耕地流转率比重达70%,累计达到58个,先进村耕地流转比重达50%,累计达到33个,成立农村土地流转合作社16个,全区土地流转服务体系已经建成。截至2013年9月底,铜陵市义安区共有农业新型经营组织945个,比2012年同期增加193个,增幅为30%。其中,农业产业化龙头企业有102个,农民专业合作社有345个,专业大户有492个,2013年新注册家庭农场有6个。

目前,铜陵市正深入推进农村流转制度改革,积极申报国家农村产权制度改革试点市,全面推进农村产权确权登记发证工作,培育农村产权交易市场,开展农村产权交易和抵押融资试点,逐步建立"归属清晰、权责明确、保护严格、流转顺畅"的现代农村产权制度。

2. 农村土地流转的主要模式、成效及挑战

（1）主要模式

一是大户经营模式。掌握农业种植技术且具备经济实力的大户,通过转包和租赁土地的流转方式获得土地的经营权,开展规模经营。如大通镇通过引导农民以合理价格把土地出租给当地或引进的种养能人发展种养业,形成能人大户租赁模式。截至2014年7月,大通镇总共完成土地经营流转面积4368亩（其中耕地2192亩,山场2176亩）,占可流转土地面积的56.3%。该镇通过土地流转,土地经营权向种养大户集聚,促进各类示范基地的建设,建成一批具有一定规模的农产品生产基地,如铜陵张塘生态农业有限公司流转520亩土地建设药材基地,安徽鸿基农业发展有限公司流转970亩土地建设苗木基地等。

二是产业带动模式。通过调整产业结构,发展生姜、凤丹等铜陵特色产业带动土地流转。近年来,铜陵市相继出台了《关于加快发展牡丹产业的实施意见》《铜陵市促进油用牡丹产业发展若干政策》,加大对牡丹产业的政策扶持力度,尤其对新种植、连片20亩以上油用牡丹（两年实生苗）的投资主体,按照每亩600元进行补助,希望加速牡丹产业发展。铜陵瑞璞牡丹产业发展有限公司目前正在凤凰山村积极推动土地流转,推广规模化、集约化经营。截至2014年6月,该村土地流转率已经达到了90%以上,当地农民以每亩每年560元的价格将土地流转给铜陵瑞璞牡丹产业发展有限公司,并参与3%的盈利分红,农民成为产业工人,不仅收入提高了,而且牡丹种植规模扩大了。目前该村还计划平整6000多亩山地种植牡丹,以推动当地经济发展。

三是合作社经营模式。以农民家庭经营为基础,以农民专业合作社或农民专业协会为主导,集体统一组织部分生产经营环节,发挥集体优势,形成规模经营。如2010年5月,古德兵成立玉龙蔬菜种植公司,承包115亩土地。2011年7月,古德兵成立铜陵友思蔬菜种植专业合作社,采用"农户+基地"模式,带领当地农民共同致富,古德兵占60%的股份,有种植经验的农户占40%的股份。2011年,铜陵友思蔬菜种植专业合作社获得了市绿色环保企业、市级龙头企业、省级无公害产品论证称号,古德兵获得"农民回乡创业带头人"荣誉称号。2013年,玉龙蔬菜种植公司200亩土地流转列入市民生工程。目前该公司基地有职工40人,男工每月工资为2000元左右,女工每月工资为

1500元左右。

四是企业经营模式。龙头企业直接租赁土地,雇请农民工与农户形成利益共同体实现规模效益。如钟鸣镇水村村,截至2013年11月,农村土地流转面积达5600亩,其中铜陵梧桐树农业开发有限公司承包土地1200亩,主要种植大棚蔬菜。这项工程是市重点工程,也是市菜篮子工程,为铜陵市的蔬菜供给提供了有力的保障,并向周边辐射。

五是园区经营模式。各农业园区通过规划、分批流转给企业或大户经营。如铜陵农业循环经济试验园,采取农户与村委会签订、村委会与试验区管委会签订、管委会与企业签订合同的方式,保证农民租金发放。如铜陵市区东南的城山村,村内已基本完成土地流转工作,截至2013年12月,4000多亩承包耕地和水面先后分批租赁给铜陵市农业循环经济试验园,发包价格为每亩280千克稻子/年,2013年实物折价后约为756元/亩。全村仅有村西100亩不到的几块小面积耕地尚未发包,零散流转给了外地人。目前城山村2600名村民大多只在自留地和宅基地前后种些蔬菜、口粮,青年人外出打工,中老人则在园区、镇上就近干活。

(2)主要成效

一是促进农民收入增长。随着城镇化发展步伐的加快,大量农村劳动力向二、三产业转移,农民种田的意愿明显下降,不少田地都被抛荒,将土地交给种植大户耕种,农民不仅可以安心在外打工,而且还能得到一笔租金,在家农户也能被聘为季节性农工而获得工资。据安徽省农委统计,全省年均每亩农村土地流转收入在800元以上,流出农户被规模经营主体聘为农工的年收入达到6000元,远高于种地收入。土地流转得到大力推进后,原来过于分散的土地相对集中到了种植大户手中,实施规模化生产、集约化经营,再加上良种、良法、良技等农业科技的运用,规模经营效益明显。据调查发现,扣除生产成本和租金外,义安区种植大宗农作物的规模经营户每亩盈利在200元左右。

二是提高农业综合生产能力。数据显示,目前安徽流转土地经营种植业的近6万个专业大户,单产平均比分散经营的农户高出25千克以上;规模经营100亩以上的粮食种植大户,劳动生产率是分户经营的近3倍;大户农业投资回报率在17%左右,比分户经营约高5个百分点。如吴正国创办铜陵三泉现代农业开发有限公司,2010年承包农田6500亩,经过产业规划布局,实施土地整理、高标准旱涝保收农田改造等项目,平整大片土地,并通过修建道路、改良土壤、修筑水渠等对农业基础设施进行了改善,提高了土地综合利用率,到年底每亩单产最高达713千克,吴正国因而被授予"全国粮食生产大户""全省粮食生产大户标兵""铜陵市农民创业带头人"等荣誉称号。

三是改善农业经营结构。目前,耕地改种经济作物和发展休闲观光农业已悄然风行。据了解,安徽整体流转土地平均亩收益达到3000元/年以上,中药、果蔬等经济效益较好,不少耕地改种经济作物。如铜陵农业循环经济试验园在如何改种经济作物上做了不少尝试,2013年底该试验园获批为"国家科技园区核心区",全区流转土地6729亩,征收国有用地1148亩。统计数据显示,目前已有26个项目在此落户,多数涉及栽种高附加值作物。

四是推进技术集成。积极引导土地流转规模经营户调整优化农业结构,可以强化关键技术集成配套,促进动植物品种更新换代,提高化肥、农药、饲料等投入品的利用率。2007年10月,君德信生态工程有限公司落户铜陵,目前是铜陵最大的集彩化苗木研发、培育与销售于一体的林业产业化龙头企业。该公司采用"公司+基地+合作社"经营模式,与1200多家农户签署合作协议,协议面积近5000亩,在铜陵农村合作银行的大力支持下,开创了铜陵以林权抵押贷款的先河。该公司严格按照现代企业模式经营,通过了ISO9001质量管理体系认证和ISO14000环境管理体系认证,公司彩化苗木基地项目被列入省"861"行动计划重点建设项目、省"十二五"计划重点项目,公司产品荣获"安徽质量奖"。

(3) 主要挑战

一是国家粮食安全的保障。改造传统农业,发展现代农业,离不开工商资本的支持和参与。但有些工商资本受土地价值诱惑进入农业,或者以套取国家补贴为目的,流转土地后"圈而不用",造成耕地资源的浪费和低效使用;有些工商企业将流转来的土地视为己有,建工厂、搞房地产开发甚至转手倒卖,导致土地非农化,对国家粮食安全构成威胁。如河南省内乡县的寺河村、浙江省杭州市萧山区的天乐村流转的土地(其中有旱涝保收的农田)面积都在数千亩,用于非农非粮项目,严重违反了流转土地不能改变农业用途的规定。土地流转要设定准入门槛,准入后要进行监督,防止非粮化、非农化倾向,充分保障国家粮食安全。

二是土地流出方的补助和安置。为完善离地农民的社会保障制度,对土地流出方的补助是一笔庞大的财政开支。目前铜陵市的做法是推行城乡一体化户籍制度改革,取消农业、非农业户口的二元划分,实现城乡社会福利和社保并轨,这在很大程度上弥补了土地流出方的损失。据统计,将基础设施、社保成本、公共服务配套等静态成本包含在内,截至2013年底,铜陵财政已经为每位"新居民待遇"买单7.35万元。铜陵之所以能维持财政支出,因为它是中国面积最小、人口最少的地级市,2012年人均国民生产总值居安徽首位,城镇化率为76%。铜陵模式虽可借鉴,但绝大部分地区难以复制。

三是规模经营主体效益的提高。为保障规模经营主体效益的提高,保障经营的稳定性和连续性,政府应当加大农田基础设施和现代农业设施的投入,加大科技扶持农业的力度,不断完善企业融资平台,提高规模经营主体的经营能力和抵御风险的能力。如铜陵循环经济试验区,从2007年园区建设开始,目前已累计投入14.3亿元修建道路沟渠、架设水电线路、整理土地等,为规模经营主体安心入驻园区提供了基础保障。

3. 农村土地流转的对策建议

(1) 开展确权登记,夯实流转基础

稳定现有土地承包关系,认真做好土地确权、等级、颁证工作,建立健全土地承包经营权登记制度;认真清理、规范整理和永久管理好土地承包档案资料,做好承包地块、合同、证书、台账"四相符"和"四到户",为土地承包经营权依法自愿流转打下坚实基础。

(2) 健全管理制度,规范流转程序

实行流转合同登记、签证制度,通过合同登记、签证,及时发现和纠正流转双方违反法律政策的约定;对以转包、出租或其他方式流转的,要及时办理相关备案登记,对以转让、互换方式流转的,要及时办理权证变更手续,保障农民利益。

(3) 健全市场体制,促进有序流转

一是加强土地流转服务平台建设。健全区、乡、村土地流转服务中心,开通土地流转信息网,为农民流转土地提供"一站式"服务。二是建立价格评估指导机制。客观公正地评估、发布土地流转指导价格,促进土地流转公平公正合理。三是建立风险防范机制。建立有效的市场准入制度,对进入流转市场的经营主体的农业经营能力进行资格审查和资信评估,建立风险保障金,降低土地流转风险。四是创新农民利益联结形式。在坚持土地集体所有和保障农民承包经营权的基础上,引入农村土地信托流转制度,由信托机构接受农民的委托,按照土地使用权市场化的需求,通过必要的法律程序,将土地承包经营权在一定的期限内依法、有偿转让给其他公民、法人充实农业经营活动,农民可以基于土地承包经营权而获得信托收益,还可以安心在外务工经商或在本地就业,达到农民、投资商和政府"三赢"的目的。

(4) 大力培育多元化经营主体

政府强调土地流转"适度规模"经营,"适度"需根据不同区域情况进行调整,本轮改革的重点在于保障农民公平分享土地增值收益,政府会更倾向于加强流转双方的利益关系,扶持商业资本为农民提供服务,鼓励农民自办合作社、家庭农场等。根据现代农业发展的要求,通过优化农业产业布局,鼓励和引导承包地向粮食生产家庭农场和农民专业合作社等经营主体集中,充分发挥其组织化、专业化、标准化的经营优势,有效促进农业多种形式适度规模发展,进一步提高农业生产率、劳动生产率和土地产出率。

(5) 强化政策扶持

一是实施项目带动战略。利用皖江城市带承接产业转移示范区的各项优惠政策,积极做好农业项目的编制、申报、争取和实施,制定优惠政策,吸引城市工商资本、社会资金投入农业生产、加工和服务全过程,促进土地流转和产业化经营。二是加大资金支持。整合各项涉农资金,采取项目扶持、以奖代补等形式,重点支持农村土地流转、农业产业化、特色农业、农业支撑体系建设等方面,进一步促进现代农业发展,为加快土地流转规模经营营造一个良好的发展环境和发展空间。三是完善保障机制。加大对农村社会保障的投入,把已经放弃经营土地、进入城市就业的农民纳入城镇社会保障体系,实现与城镇社保的对接,让他们放心流转土地。同时,建立健全防范和纠纷调处机制,确保农村土地流转风险规范有序推进。

(二) 安徽省六安市金寨县

2015 年,国务院决定在全国 33 个县(市)展开农村土地制度改革试点,安徽省六安市金寨县被列为首批试点县。2016 年 4 月,该县出台方案,对农民自愿放弃农村宅基地到城镇购房的,给予一定的房屋拆除补助和宅基地退出补偿。这标志着酝酿多年的农村宅基地制度改革在安徽省终于迈出了实质性的一步。值得一提的是,金寨县在改革中,将宅基地改革与全县库区移民、扶贫、灾后重建、危房改造、地灾搬迁、美好乡村建设等各类涉农资金"打捆",对农户叠加扶持,可作为我国宅基地改革的一个观测样本。

安徽省六安市金寨县地处大别山腹地,鄂豫皖交界,全县总面积为 3814 平方公里,人口为 68 万,是国家扶贫开发工作重点县、大别山集中连片特殊困难地区县,也是全国 15 个宅基地改革试点中的国家级贫困县。农村土地制度改革试点工作启动以来,金寨县坚持以脱贫攻坚统领经济社会发展全局,探索出一条农村土地制度改革发展的新路。金寨县农村宅基地退出实行"依法自愿、合理补偿"原则。宅基地退出后,农民有两种途径安置:到规划布点的村庄内建房;到乡镇或者县城购买普通商品房。为鼓励农民进城入镇,该县对退出宅基地到县城或乡镇购买商品房的农民给予一定的优惠。

1. 改革与脱贫协同推进

(1) 完善制度,构建以改革促脱贫的平台

金寨县先后出台了宅基地自愿退出奖励扶持、农村宅基地节约集约利用和有偿使用、农村居民建房用地管理等几十个配套文件,逐步建立起较为完善的宅基地制度体系,用于支持和引导农民群众参与改革实践。同时,同步实施"美

丽乡村建设""三线三边整治"等项目,在广大农村地区完善公共配套设施,农民的居住环境得到有效改善,居住安全性得到切实提升,宅基地权益得到充分保障。

(2) 创新机制,引导贫困人口有偿退出宅基地

农村土地制度改革坚守土地所有制性质不变、耕地红线不突破、农民利益不受损、粮食生产能力不减弱四条改革底线,坚持疏堵结合、奖惩并举,围绕"两探索两完善",着力构建"管得住、流得动、退得出"的农村宅基地管理新机制。探索创新出符合山区农村实际的宅基地面积核定标准,将单一按户确定改为按户和人口综合确定。目前,全县新建446个搬迁安置村庄,占用土地不足5000亩,节约用地率超过50%,农村土地集约化利用水平得到很大提升。

(3) 多措并举,发挥政策叠加效应

在改革过程中,金寨县将宅基地制度改革、易地扶贫、移民解困、地灾搬迁、"美丽乡村建设"等工作有机融合,发挥政策叠加效应,释放改革红利,引导"两户三房"即"贫困户、移民户"和居住在"土坯房、砖瓦房、砖木房"的农民自愿搬迁到规划居民点,改善住房条件,保障住房安全。对贫困户,实行"宅改+扶贫搬迁",叠加享受宅改补偿及2万元/人的搬迁补助;对移民户,实行"宅改+移民搬迁",叠加享受宅改补偿及1.5万元/人的搬迁补助;对地灾隐患户,实行"宅改+地灾搬迁",叠加享受宅改补偿及3万元/户的搬迁补助。通过政策统筹,满足了不同层面群众的合理需求。目前,全县已启动实施446个规划村庄建设,引导7万余人向城镇和规划村庄集中,常住人口城镇化率由37%提高到43%,城乡一体化统筹发展的格局初步形成。

2. 用地与扶贫精准对接

(1) 以住房保障助力精准脱贫

金寨县贫困人口多,迁出任务重,要实现贫困群众精准脱贫,最核心的问题就是住房保障。为确保8.43万贫困人口如期脱贫,金寨县落实精准扶贫、精准脱贫方略,按照"五个一批"的脱贫攻坚路径,综合用好城乡建设用地增减挂钩、宅基地制度改革试点等政策,引导和鼓励贫困户通过宅基地腾退实现易地搬迁脱贫,解决了易地扶贫搬迁中最难啃的硬骨头。

(2) 以增减挂钩保障扶贫资金

金寨县是国家级贫困县,既是集中连片特困地区,也是开展易地搬迁扶贫的贫困老区,贫困人口多,迁出任务重,资金压力非常大。针对金寨县的特殊情况,国土资源部多次深入一线调研指导,及时研究解决突出问题,并因地制宜地量身打造一揽子支持金寨脱贫攻坚政策。截至目前,金寨县依托合肥公共资源交易中心为平台,已经成功交易4个批次、1.08万亩宅基地腾退节余建设用地

指标,成交金额近49.5亿元。这些指标交易扣除成本后的净收益,及时全部反哺农村,为农村土地制度改革、脱贫攻坚、农村居民点建设、农村土地复垦整治提供了有力的资金支持。

(3) 以土地要素为抓手统筹城乡发展

由于土地要素的重要性,土地制度改革成为统筹城乡的突破口。一方面,改革推进了新型城镇化发展。近年来,金寨县共引导近5万人向城镇和规划村庄集中,仅2016年就消化房地产库存1万多套,去库存化周期由改革前的36个月降为15个月,常住人口城镇化率得到显著提升。另一方面,改革推进了美丽乡村建设。全县共规划了580个集中搬迁安置点,已启动实施建设446个。新的搬迁安置点公共设施更加完善,农村居民享受公共服务更加均等,居住条件和生活环境显著改善,生活质量明显提高,精神面貌大为改观。城乡一体化统筹发展的格局初步形成,成效日益凸显。

3. 相关启示

农民自愿有偿退出农村宅基地改革,没有现成道路可走,没有既有经验可学,只能摸着石头过河。但不论如何改,一个永恒的准则就是保障农民用益物权,赋予农民更多财产权利。

目前,由于宅基地流转还存在法律和制度障碍,农村宅基地到底值多少钱,没有市场价,各地退出宅基地的补偿标准有高有低,大多数农民的观望心理还很浓。同时,对收入不稳定的农民而言,进城后归属感不强,他们不肯轻易放弃在农村的"退路",踟蹰之心可以理解。在这种情况下,政府如果盲目地鼓励农民退出宅基地,甚至变相强制农民放弃宅基地,势必会对他们的权益造成损害。

金寨县地质灾害点多、贫困户多、危房多,该县将资金打捆,补偿增倍,让贫困户顺利实现了建房买房的梦想。在改革宅基地的同时,完成了脱贫攻坚的任务,闯出了因地制宜推进宅基地改革的新路。

我国现行农村宅基地管理还存在法律和制度障碍,有关宅基地的退出机制还要谨慎探索,不能急于求成。此外,宅基地退出需要投入大量资金,在经济下行压力加大、地方财政趋紧的形势下,更要因地制宜找寻新思路,深入细致做好群众工作,千方百计化解矛盾,确保农民退出宅基地后生活水平有提高,长远有保障。

(三) 内蒙古自治区呼和浩特市和林格尔县

2015年和林格尔县被国务院确定并报请全国人大常务委员会授权为全国农村土地"三项制度"改革33个试点县之一。和林格尔县结合自身的实际情况,针对现行土地征收制度存在的问题,按照"封闭运行、风险可控、发现问题、

及时纠偏"的要求,筛选确定了12个试点项目,通过试点项目的实施和探索实践,初步形成了一些创新性的改革做法和经验:

1. 建立公共利益认定机制,严格限制土地征收范围

和林格尔县在开展农村土地征收制度改革试点的过程中,遵循确保土地公有制性质不改变、耕地保护红线和生态保护红线不突破、粮食生产能力不减弱、农民利益不受损的原则,从条例制定和政府决策机制两方面建立公共利益认定机制,缩小土地征收范围。

和林格尔县通过加强行政管理,创新建立了公共利益认定机制。首先该县结合自身实际,参照《划拨用地目录》等法规,采取列举法与专家征询意见法编制了《和林格尔县土地征收目录(试行)》。对公益性和经营性建设用地进行了严格的界定,经认定不属于公益性建设项目的,不得动用征收权。同时发挥市场优势,结合城乡建设用地增减挂钩政策,盘活存量集体建设用地,采取协议转让、出租、联营、入股等方式使用集体建设用地。和林发电厂贮灰场项目即是典型,该项目通过城乡建设用地增减挂钩政策获得建设用地指标,采取土地使用权转让方式提供建设用地使用权,对不动用征收的前提下缩小非公益性项目用地的征地范围进行了相应的探索和尝试。最后运用法律手段,对公共利益认定程序进行严格规定,建立公共利益认定争议解决机制。对未列入土地征收目录的项目,由县人民政府组织相关部门召开听证会,允许被征地农民参与听证,确定其是否属于公共利益范畴。

目前,缩小征地范围后不通过征地方式进行用地的试点项目有6个,其中1个已完成,1个正在操作,剩下的有4个也快进入操作阶段;通过征地方式进行用地的试点项目有4个,其中1个已完成,3个正在操作。

2. 规范土地征收程序,保障被征地农民合法权益

和林格尔县借着试点的先机,尝试打破政府对征收程序的垄断,发挥公众的参与性,尤其是被征地利益相关者的参与。

首先,通过利用公共利益认定机制,在征收审批阶段审核该建设项目是否具有公益性,如不具有即不再启动征收程序,将征地权严格限制在公共利益之内;其次,增加备案程序,在土地征收之前,对被征地农民进行摸底调查,建立详细档案报人社局备案;再次,成立县土地征收社会稳定风险评估委员会,制定《风险评估实施办法(试行)》。该实施办法把村民的意见考虑到风险评估中,作为是否进行土地征收的重要依据。最后实行"两公告、一听证、一评估、两协议、一登记"的土地征收程序(两公告一指报批前土地征收方案公告,二指批复文件后的公告;一听证指土地征收方案听证会;一评估指土地征收社会稳定风险评估;两协议指征收土地协议和土地补偿安置协议;一登记指征地补偿登记,兑现补偿费用),该程序让被征地农民能够充分地参与征地过程,保障了其知情权、参与权、监督权和申诉权,从而可以实现土地征转补偿同步进行。和林发电厂贮灰场项目就是按照这样规范的征地程序完成的。目前盛乐现代服务业集聚区生活垃圾处理及配套工程项目、盛乐镇古吉陵园两个项目已进入实施程序。

3. 完善被征地农民合理、规范、多元保障机制

和林格尔县采取多种措施保障被征地农民合法权益,引入了"1＋N"的多元保障机制。在制定土地征收和土地供应标准的同时,制定一系列保障被征地农民合法权益的规则和办法,综合来讲,在对被征地农民实行货币补偿的基础上,整合梳理征地实践中的补偿安置方式,因地制宜地引入社保、留地、留物业、就创业或商铺开发等多种方式。

一是规范制度,制定了《和林格尔县被征地农民参加社会养老保险办法(试行)》,将被征地农民纳入社会养老保险范畴。以村或户为单位,累计征地达到60%和50%以上的被征地农民,均可参加城镇职工养老保险或城乡居民养老保险。财政部门建立社会养老保险资金专户,预存的社会养老保险费不落实,不予上报征收土地。如克略、丹岱被征地农民商业门脸房项目作为多元保障机制试点,目前两村已参加社会养老保险1608人,其中467人已享受养老保险。二是积极扶持被征地农民再就业,鼓励被征地农民自主创业,制定了《被征地农民创业就业扶持援助实施办法(试行)》,同时县政府主动搭建平台,成立了云谷物业服务有限公司和云谷保安服务有限公司,积极组织开展就业创业培训,培训合格后推荐从事园区园林绿化、物业管理、保安等工作,同时积极协调入区企业和工程建设单位优先安置当地村民就业。三是对从事种养殖业、交通运输业、购买商业用房的失地农民给予一定创业补贴。第四采取留地、留物业方式保障被征地农民长远生计。

4. 打破"城乡二元化"的土地征收模式

和林格尔县在土地征收的过程中,以保障农民土地财产合法权益为基础,以构建兼顾国家、集体、个人土地增值收益分配机制为动力,以促进城乡要素平等交换和公共资源均衡配置,推动城乡一体化统筹发展为目的创新了土地征收模式。

和林格尔县根据该县经济社会发展的需要,开展了"和林格尔县征地区片综合地价测算"的专项研究,对各乡镇进行土地定级、全用途城镇建设用地基准地价评估,建立了覆盖城镇用地二级类的全用途修正体系,确定了科学、合理、符合实际的征地区片综合地价,突破了以往统一年产值补偿倍数的限制,为土地征收及集体建设用地带来的增值收益在国家和集体间的分配机制提供依据,探索城乡一体化土地供应标准。和林格尔县出台了土地增值收益核算办法,形成了《农村集体土地征收转用增值收益核算与分配方法研究报告》《征收转用农村集体土地增值收益核算办法》。同时为了明确依据,和林格尔县在增值收益合理分配的比例上进行了积极的探索,目前已形成研究成果包括增值收益分配模型理论构建、投资主体投资金额构成、利益主体风险构成、合理分配比例测算方法等。根据本县情况测算,中央政府、地方政府、农村集体经济组织、农民土地增值收益分配比例分别为 15.54%、25.90%、9.81%、48.74%。

为确保各方土地增值收益分享权,该县已选择北国情乳制品加工项目、台格斗乡村旅游建设项目、紫丁香老年公寓等 7 个工业、商业不同经营模式的试点项目,探索联营、土地股份合作、留地、留物业等多种方式,并将收益纳入农村集体资产统一管理,进行土地增值收益核算与收益分配实践,即将形成农村集体内部土地增值收益分配办法。已实践完毕的和林发电厂贮灰场项目,村集体组织获得土地使用权转让费 70 万元,被占地农民得到了合理补偿,项目建成后每年可为国家和地方缴纳可观的税收。

政府土地征收是一项复杂的工作,其制度改革更是一项巨大的系统工程,涉及我国土地法律法规、国家体制、利益分配及调整等各个方面。在整个征地过程中要始终将处理好农民和土地的关系作为主线,以建立城乡统一的建设用地市场为方向,以夯实农村集体土地权能为基础,以建立兼顾各方的土地增值收益分配机制为关键,促进城乡土地要素平等交换和推动城乡统筹发展。

(四) 浙江省湖州市德清县

所谓农村集体建设用地,是指依法取得并在土地利用总体规划、城乡建设规划中确定为工矿仓储、商业服务、旅游等用途的存量农村集体建设用地。而农村集体建设用地入市,是指在集体建设用地所有权不变的前提下,使用权按照依法、自愿、公平、公开的原则,以有偿方式发生转移的行为。1988 年《中华人民共和国宪法修正案》第 2 条规定:"任何组织和个人不得侵占、买卖或者以其他形式非法转让土地,土地的使用权可以依照法律的规定转让。"这里的土地使用权既包括国有土地使用权,也包括集体土地使用权,使集体建设用地入市制度在宪法秩序上进入了可选择制度集合,降低了制度创新的风险。在这样的背景下,农民对集体建设用地入市制度变迁产生了强烈的需求。浙江省德清县早在 1997 年开始就开展了农村集体建设用地入市试点,探索了一些做法,取得了一些成效,也遇到不少问题。国务院《关于深化改革严格土地管理的决定》指出:"在符合规划的前提下,村庄、集镇、建制镇中的农民集体所有建设用地使用权可以依法转让。"这就从国家宏观政策上为农村集体建设用地入市进一步铺平了道路。浙江省德清县开展的试点工作对全国各地的农村集体建设用地入市工作必将产生深远的影响。

1. 浙江德清县农村集体建设用地入市的试点和做法

德清县为浙江省湖州市辖,位于长江三角洲杭嘉湖平原西部,东望上海,南接杭州,北靠环太湖经济圈,西枕天目山麓,地理区位优势明显。德清县总面积为935.9平方公里,总人口为43.9万,县区内土地肥沃,风景秀丽,地方经济发达,2013年德清县入围中国中小城市综合力百强县,2016年被列为第二批国家新型城镇化综合试点地区,2017年12月当选中国工业百强县。

20世纪八九十年代,德清县乡镇个体私营企业发展迅速,用地需求剧增。到了90年代后期,随着改革的深入,原来的镇、村集体企业由于关、停、并、转,有大量闲置的非农建设用地需盘活。因此,集体建设用地私下流转的情况比较普遍,形式虽然各不相同,但造成的后果是相同的:不仅土地所有者利益得不到应有的保证,而且由于土地产权不清,受让方利益也得不到保证。这对国有土地市场也造成了一定程度的冲击,因此亟须规范管理。1999年6月,根据浙江省土地管理局浙土发〔1999〕142号《关于农村集体非农建设用地使用权流转管理试点的批复》,同意将德清县列为全省三个试点单位之一。在试点方案中,对集体土地流转的条件、范围、类型等有关事项做出了具体规定:一是依法取得;二是符合规划;三是审批程序明确,由流转双方向镇土管所申请,报经市土地管理部门批准;四是流转形式多样,包括转让、作价入股(或出资)、出租、抵押;五是土地收益合理分配,实行谁所有谁收益原则。

(1) 试点工作开展的情况

德清试点给集体建设用地进入市场开拓了一条新路。近年来,德清县社会和经济各方面都得到了较快发展,综合实力明显增强,城市框架也进一步拉大,土地供求矛盾日益突出,而乡镇集体企业全面转制后,集体建设用地必然将随着其他集体资产进入流通,挖掘这块"存量",可减轻新增建设用地的压力。对集体建设用地,通过明晰产权、规范流转,将其引导到有偿、有限期、可流动的土地市场公开运作,是一条切实可行的路子。因此,德清试点以后,在总结经验的基础上,不断扩大了试点范围,流转的形式也由最初的以租赁为主扩大到现在的转让、租赁、作价入股(出资)等多种形式并举,后续管理也开始规范、有序。截至2018年8月底,德清县各级国土资源部门已累计办理流转许可项目702个(其中租赁方式占56%,转让方式占42%,入股等其他形式占2%),涉及土地面积636.22公顷(1公顷=1万平方米),累计为各级集体经济组织获取土地收益达1.39亿元。

集体建设用地入市试点设定了有限目标。德清县对集体建设用地流转及其流转管理的政策设计是:在重申宪法明确的集体土地所有权与国有土地所有权权利并等的前提条件下,承认农村集体土地财产权,包括土地处置、收益分配等权利。建立相应的管理机制,使国家、农村集体两种不同的土地产权并存,共同受土地利用总体规划、土地利用年度计划的调控与协调,互为补充、共同发展。为了稳妥地推进这项工作,设定的目标是有限的,主要有以下三个工作目标:第一,落实对农村集体土地财产权的保护。"三农"问题一直是各级政府关注的热点问题。就德清县而言,现阶段在乡镇集体企业全面转制以后,不少集体经济组织实际上已成空架子,集体土地资产成了集体经济中最后的保障,它负载着维护农民生存,维持农村社会稳定,提供养老、医疗保障等多重职能。承认集体土地所有权的产权地位、资产价值,将集体经济组织中价值最好且从长远来看源源不断增值的集体土地的收益和处置权交还给农村集体经济组织,就从根本上确保了集体土地收益在促进农村经济发展、农民增收和农村社会稳定方面发挥作用。第二,落实对集体建设用地使用权的维护。一方面,通过办理流转手续,从根本上解除了农村乡镇企业用地的后顾之忧,为企业的发展注入了生机与活力,保障了其合法地对土地支配、使用、收益的权利;另一方面,集体建设用地使用成本相对较低,支付形式也比较灵活,引导一部分小型个体私营企业使用集体土地,也解决了企业起步阶段资金紧张的困难。第三,确保集体建设用地入市按市场机制运作。对城乡土地实行集中统一管理是国土资源部门的职责,集体土地也应纳入统一的土地市场,实行公开、公平的市场化运作,而不能另设一个市场,另搞一套模式,使集体土地游离于土地市场之外。

从探索到规范运作,不断深化集体建设用地入市管理。经过几年的实践和探索,人们发现"流转"的概念还不足以涵盖集体土地入市的所有形式,"初次流转"和"再次流转"不仅是一个先后顺序的问题,还有本质的区别。前者指发生在所有者与使用者之间的集体土地一级市场的供应,后者才是真正意义上发生在使用者之间的集体土地二级市场的流转。因此,最初"流转"的概念无论是外延还是内涵都发生了变化,加上随着城市化发展,必然要有一部分农地转为建设用地,而现行法律也并没有堵死新增使用集体土地的渠道,比如《土地管理法》第43条所列的包括乡镇企业用地等类型以及第60条关于集体经济组织以土地作为联营条件的用地类型等。为此,在试点的基础上,德清县出台了《德清县农村集体建设用地使用管理试行办法》(县政办发〔2001〕104号)。

对农村集体建设用地使用的适用范围进行了探索和规范。农村将建设用地使用主要设定在经市人民政府批准的工业园区和有长期稳定收入来源的重大基础设施建设等项目用地;对上述项目用地,除依法必须征为国有外,可以不改变集体所有权性质,办理集体土地使用和流转手续。规定上述用地可通过办理集体建设用地使用手续的途径取得,且取得的方式既可以是一次性让与,也可以是租赁、作价入股等形式。这样不仅一次性支付地价款的压力消除了,劳力安置、相关收益的支付形式也灵活多样了。

对农村集体建设用地使用的形式及年限进行了探索和规范。将集体建设用地使用明确分为集体建设用地的供应和流转两个层次。将建设用地的供应与流转的各种形式按先后顺序做出了具体界定,包括一级供应中的让与、租赁、作价入股、置换,二级流转中的转让、转租、作价入股和抵押。使用年限上,考虑到过短,不利于调动用地者进行投资的积极性;过长,则不利于集体经济组织调控,因此,参照了同类用途国有土地的使用年限。

对集体建设用地使用的审批进行了探索和规范。强调了集体建设用地的使用必须符合本区域的土地利用总体规划、乡镇建设规划以及土地利用年度计划。涉及农用地转用,按法定权限和程序先办理转用审批手续;对农用地转用后集体建设用地的供应及存量土地的流转,规范了相关审批从申请—审批—登记或变更登记—注销登记的程序。

对农村集体土地所有权的界定进行了探索和规范。目前村民小组是否作为集体土地所有权主体在理论界还有争议,但从调查的情况来看,历史上公社、大队以及生产队三级所有权在老百姓思想中是根深蒂固的,界限也是清楚的。为了避免乡(镇)村两级基层组织在行使行政区域管理职能时,以行政管辖权代替土地所有权,侵犯农民集体土地所有者的权益,德清县在试点中特别强调了集体土地所有权分别属乡(镇)农民集体、村农民集体以及村民小组农民集体所有,各所有权主体法律地位平等,互不隶属。

对农村集体建设用地的收益标准及收益分配进行了探索和规范。当前,国家通过建立价格指数对土地价格实施了宏观调控,以保证市场信息的公开性,杜绝土地市场的"暗箱操作"和"地下交易",这是对国有土地而言的。同样的道理,对面广量大的农村集体建设用地,也需要实施价格调控,以促进区域地价水平的协调一致,避免大量集体土地的低价入市造成对国有土地市场的冲击。德清县制定了农用地、集体建设用地的基准地价,并确定了最低保护价。同时为了切实保护农民的利益,防止以上级行政部门名义侵占或挪用属于村或村民小组所有的土地收益,探索了集体土地收益的收缴及资金使用办法以及对原土地承包者的补偿及形式。

从转变观念到改进方法,不断提升服务水平。相对国有土地而言,农村集体土地有其自身的特点:农村集体土地市场起步晚,规模小,用地相对分散,集约化程度低,土地所有者经营管理能力有限等。所以,管理上可参照国有土地市场管理,但不可全盘照搬。笔者认为,对集体土地市场管理,国土部门的主要职责一是保护和培育,二是引导和规范,要融管理于高质量的服务中,包括营造

(2) 德清县农村集体建设用地入市的具体做法

帮助完善机构,提高集体经济组织对集体建设用地的经营管理能力。根据《德清县农村集体建设用地使用管理试行办法》,在进一步规范和完善集体建设用地流转的同时,开始尝试建设用地供应的管理。在大量调查摸底的基础上,选择了双林镇三田漾村进行试点。按照《村民委员会组织法》第五条规定,考虑到村民小组一级的所有权实际上是存在的,界限也是清楚的,但长期以来其作为经济组织结构松散,经营管理能力较差。因此在充分听取村民意见的基础上,提出集体建设用地参照当地一般农用地的经营管理模式,实行"组有村管"模式。制定了《德清县集体土地使用公约》(以下简称《公约》)。《公约》明确了集体土地三级所有权的界限不打破。全村集体土地除本属于村集体所有的以外,实行"组有村管"模式,统一由村民委员会经营管理;同时,村民委员会对各属于村民小组所有的土地,分别建立台账和单独设立账户。收支情况公开,接受村民的监督;对涉及工业园区(小区)的非农建设用地项目,先按有关法律法规的规定,按法定程序报省政府进行农用地转用审批。除征为国有外,办理农用地转用后的建设用地所有权不变,即为转用前土地所有者所有;实行农用地转用上报审批所需税费,由土地所有者支付;单位或个人需申请集体建设用地的,向村民委员会提出用地申请,依法办理集体建设用地使用手续,由村委会一次性收取土地收益。

积极创造条件,为集体建设用地提供了公开交易的服务场所。为了制止各种集体建设用地的非法交易行为,防止集体土地资产的流失,同时也为了避免大量集体土地非法入市造成建设用地"总量"的失控,德清县积极引导各类土地进入土地有形市场公开运作,力图将一直以来游离于市场外的"变量"纳入"总量"统一调控。《德清县土地使用权、采矿权交易管理办法》中专门为集体建设用地的入市设立了相关条款,明确经集体经济组织委托,集体建设用地的供应和流转可在政府指定的土地有形市场实施包括拍卖、招标和挂牌以及交易鉴证在内的所有方式,以实现集体土地资产的利益最大化。

夯实基础工作,加快了集体土地产权制度建设。为促进集体土地使用制度改革,加快集体土地产权制度建设,保障农民的土地财产权,维护农村社会稳定,在土地详查的基础上进行集体土地所有权的登记发证的试点。这是集体土地流转管理基础的基础,有助于深化集体土地使用制度的改革。同时,2010年5月,德清县还完成了农用地的定级估价工作,为实施集体建设用地流转中涉及集体经济组织对承包农户的合理补偿等提供了依据。

努力营造环境,加强了与各有关部门的联系与沟通,切实维护集体建设用地使用权入市的安全。集体建设用地入市,很大的一部分将进入抵押融资的渠道,为了发挥集体建设用地作为最大资产的作用,同时也为了安全,主要做了两个方面的工作:一是与金融部门沟通,包括在政府有关文件中做出明确规定,在经得集体土地所有者同意的前提下,允许集体建设用地连同地上建筑物向银行抵押融资;二是与法院、拍卖机构及时沟通,涉及集体建设用地随同地上建筑物的司法裁决,拍卖前,法院、拍卖机构一般都会出具工作联系单,国土部门审理权属、核定补偿集体土地所有者的价额及有关事项后出具书面意见,然后才可以入市交易或变现,避免了由于工作疏忽造成对集体土地所有权的侵犯。

通过政策与规划引导,推进集体建设用地集约利用。从目前德清县的情况来看,选择使用集体建设用地的,大多是一些尚处在资本原始积累阶段或虽完成了原始积累但资金不够雄厚、规模也不够宏大的民营企业、个体私营企业。为了鼓励这些小型企业集中到工业园区形成集聚规模,从而节约用地,以土地利用总体规划为依据,要求各开发区、乡镇在规划区域功能时预留一定数量的地块,作为集体建设用地区域,在实施农用地转用审批的同时,引导个体私营企业向建设规划圈内集聚。在个体私营经济比较发达的乡镇,也引导在规划建设留用地中设置集体建设用地区域,享受集体建设用地的政策。

2. 农村集体土地制度改革试点的启示

我国的土地问题,不是没有法律制度的问题,而是法律制度设计不合理的问题。问题的关键在于我国的土地使用制度不合理,而土地使用制度的不合理又源于我国的土地所有制结构不合理。由于我国实行土地国家所有和集体所有二元结构,在改变集体所有制土地的用途时,土地的所有者与土地的征收者之间只是一种拟制的债权债务关系,农民无法享受土地转让所获得的收益。

有的学者主张将农村集体所有制土地变为农民所有制土地,也就是通过私有化的方式,将形式上的所有权、实质意义上的债权变为真正意义上的所有权,让农民能够通过土地转让不断地获得收益。这是一种非常理想化的方案。但是,由于我国农村人口不断增加,土地资源十分有限,一旦在某个静止的时间段内实行土地不可逆转的私有化,将会导致我国的农村问题趋于复杂化。国家立法机关在权衡利弊之后,通过强化农村土地承包权的物权性质,最大限度地满足了农民对土地所有权的需求。但是,由于土地承包权产生的合同需要不断地调整,所以具有物权性质的土地承包权也会不断地发生变化。我国的土地制度设计,其实已经陷入到了不论怎样放弃都无法从根本上解决土地与人口紧张关系的地步。

土地的所有权关系,确实是我国农村改革无法逾越的问题。但是,解决这个问题不能在土地私有化上做文章。因为土地私有化是以现实的公平来换取未来的不公平,以形式上的正义掩盖实质上的非正义。中国土地不应该属于哪一个人或哪一部分人所有。农村土地的国有化应当是我国未来改革的方向。

在生产关系方面,建立统一的土地所有制形态,改变基于不同土地所有制关系而产生的不合理分配关系。笔者认为,当务之急是要树立以下几种创新的观念:

第一,改变农村土地集体所有制有利于保护农民利益的观念,将虚拟的农村集体土地所有制改为国家所有制,建立统一的土地所有和土地管理制度。

第二,打破土地私有化的神话,正视人口不断增加与土地资源稀缺之间的紧张关系,从动态的角度进行土地制度的科学设计。在从集体所有向国家所有的过渡时期,可以总结推广广东顺德的经验,把承包土地固化到每一个农民的头上。

第三,在改变二元结构制度之后,允许现在的农民自愿选择与国家建立新型的土地使用关系,打破许多地区单一的土地承包法律关系。

第四,在土地的流转过程中,应当考虑征收土地资源税或者设立土地基金,用于建立社会保障制度。

第五,在改变土地所有制关系之后,应当根据不同地区生产力发展的状况,加大政府的财政转移支付力度,保证贫困地区农民能够分享社会进步和财富增加所带来的福利。政府部门应当在精简机构的前提下,探索新的土地管理制度,并通过修改《宪法》将农村的集体所有制土地逐步地转变为国家所有制土地,在实现产权清晰的基础上,根据不同地区的土地资源分布状况,分别实行招标、出租、承包等经营方式,并通过合同的形式明确土地的用途。中国的农村需要制度创新,而制度创新的核心是土地制度创新。土地承包责任制不应该成为中国农村土地经营的唯一和普遍的模式。

根据党的十六届三中全会通过的《中共中央关于完善社会主义市场经济体制若干问题的决定》中关于"推行公有制的多种有效实现形式,使股份制成为公有制的主要实现形式"的精神,将农村集体土地产权作为股份固化到每一位农民的头上,或者将农村集体土地逐步地转变为国家所有,可能是未来可以选择的两个模式。

(五) 我国土地要素交换典型案例的启示

1. 积极整治农村土地流转的众多乱象

我国农村土地流转牵涉到农户的土地权利和利益,权利关系广泛而复杂,遇到的问题和困难很多。

一是土地流转主体混乱。我国土地流转的主体应当是承包方,家庭承包的承包方应当是本集体经济组织的农户,但在实际情况中,村民小组、村民委员会甚至乡镇以上政府有时会越俎代庖,为了追求招商引资或规模经营,没有通过农户授权,直接和土地承包方达成流转协议,出现了"土地被流转"的现象,侵害了农民的基本权利和利益。

二是土地流转行为混乱。我国目前的农村土地流转,既存在农民自由流转,也存在政府强制流转;既存在口头协议流转,也存在书面合同流转;既存在有偿流转,也存在无偿流转,各种现象并存。法律意识的普遍缺失和合同的不规范,为纠纷仲裁和法律诉讼留下了众多隐患,严重影响了土地流转的效率和质量。

三是土地流转结果混乱。按照我国法律制度的规定,"土地承包经营权流转,不得改变土地的农业用途,基本农田不得植树、挖塘养殖"。但不少地方的农地出现了"非农化""非粮化"的倾向,可能会给国家粮食安全带来隐患。还有的土地流转后被"资本化",租赁农户承包地就等于"买断"了经营权,原承包农户享受不到流转后的新成果。

四是土地流转市场混乱。党的十八届三中全会通过的《决定》明确提出:"让承包经营权在公开市场上流转。"一些地区起步早,市场服务体系功能全,但是大部分地区的市场服务体系还没有完全建立,一方面存在制度和经费的缺失,一方面存在服务功能的缺失,从整体上看还属于起步阶段,市场"无形之手"和政府"有形之手"的作用都没有能够充分地发挥。

2. 大力增强农村土地确权的执行力

土地问题向来都是极其复杂、极其敏感的问题,稍有不慎就会引发矛盾和社会不稳定。因此,务必坚持审慎、可控、平稳原则加以推进。农村集体土地确权登记发证工作是"三农"工作的基础,是巩固农村基本经营制度的重要基础,是促进土地流转、深化农村改革的基本前提,是加快发展现代农业、推进城乡一体化的必然选择,是确保农民权益、维护社会稳定的有效保证。必须做到"三个不变""三个严禁",即保持土地集体所有权不变,家庭承包权不变,用地性质不变;严禁借机打乱原承包关系重新调整,严禁非法收回农民承包地,严禁加重农民负担,借机向农民收取任何费用。

全面开展土地确权,涉及农民切身利益,历史跨度长,矛盾纠纷多,确权工作开展后,因土地纠纷的信访有可能会增加。矛盾调处组要提前做好防控和稳定工作,妥善化解确权过程中的矛盾纠纷。

一要分类指导,统一政策口径。对在法律法规中有明确规定的,要严格按照法律法规执行。对法律法规没有明确规定和一时拿不准的政策问题,要按照保持稳定、尊重历史、照顾现实、分类处置的原则,通过集体会商、请示报告等方式,统一确定处置方法和答复口径,防止矛盾激化。同时也要注意具体问题具体对待,在不违背法律法规及相关政策规定的前提下,要充分尊重历史,尊重农民权利和意愿。

二要充分发挥村民自治作用,将矛盾化解在基层。要以村为单位,充分发挥村民议事会的作用,通过民主协商化解矛盾纠纷。每个村民小组要抽选熟悉情况、在群众中有威望、办事公道的农民组成纠纷调解组;乡镇要组织力量对土地承包问题进行摸底排查,梳理影响土地承包关系稳定的线索,及时解决可能影响登记工作开展的突出问题。要坚持工作在一线开展,问题在一线发现,把矛盾化解在最基层,真正做到小事不出村,大事不出乡镇。要积极引导当事人依法理性反映,合理解决土地承包经营纠纷,并通过协商、调解途径化解,必要时通过依法诉讼渠道解决,确保社会和谐稳定。

3. 逐步健全土地流转机制

建立规范的农村土地流转的专职机构,赋予一定的执法权限,以加强在土地流转过程中法律法规咨询、登记备案、土地用途监督、土地可持续发展和生态效益评估、纠纷调解等工作。土地流转中心不是临时机构,人员不能临时抽调,要积极解决人员的编制和待遇问题,从长远谋划工作开展。

加强对土地流转经营主体的财政金融支持力度。农业生产的投资回报周期长,风险大,且规模经营主体面临着较高的前期投入。资金问题往往也是制约规模经营主体集约经营和扩大生产的最大难题。政府应当协调金融机构,创新对农业生产经营的金融产品服务,放宽对土地经营使用权、大型农机具的抵押贷款限制。在财政许可的前提下,拿出一部分资金给予流转经营主体一定的财政补贴,将对土地流转工作起到很大的推动作用。

鼓励土地流转规模化发展,防止盲目跟风。土地流转可以使农业生产规模化,提高生产效率,降低生产经营成本。但农业生产不仅受气候、环境、水源、光照等诸多客观因素的影响,也与经营者的经济实力、科技水平、管理能力密切相关。因此,土地流转应该因地制宜,不能一味地追求规模化。要结合新型职业农民培训,加强对土地流入主体的农业科技应用和管理水平培训,强化风险意识,促使流入主体最大限度地规避经营风险,提高效益。

第四章　土地要素平等交换对缩小城乡收入差距的作用机理

改革开放以来,我国社会经济发展取得了举世瞩目的成绩,但城乡发展不平衡问题仍然十分严峻,城乡收入差距一直居高不下,并且有恶化的趋势。影响城乡收入差距的因素包括户籍制度、土地产权制度、土地市场化程度等涉及土地要素的因素。

城乡间、城市间、农村间土地要素平等交换对我国城乡居民收入的影响有多大?我国城乡居民土地要素收入占其总收入的比重有多大?土地要素平等交换是如何影响我国城乡居民收入的?土地要素平等交换能缩小我国城乡居民收入的差距吗?要了解这些,首先就必须分析我国城乡间劳动、资本、土地、企业家才能等生产要素的交换状况,然后再分析我国城乡居民的收入来源。综合各方面文献来看,我国城乡居民的收入来源区别较大,城镇居民的收入来源主要是工资收入、资本收入,而农村居民集生产者与出售劳动力者于一身,其收入来源相对广泛,除了在城镇务工时的工资收入和自有资金的红利收入外,还有土地租金收入以及所生产的农产品收入。在完全竞争的市场环境下,农产品和劳动力可以通过市场机制进行平等交换而获得相应的报酬,但是在土地要素市场上具有明显的二元结构特征,其属于不完全竞争市场,因而土地生产要素不能按市场机制进行合理地配置。因此,在城乡收入差距的诸多影响因素中,城乡间生产要素的不平等交换特别是土地要素的不平等交换成为最主要的因素。本章从财产增值效应、社会福利平衡效应、要素收入规模效应、收入初次分配效应等几个方面就土地要素平等交换对缩小城乡收入差距的作用机理做进一步阐述。

一、我国城乡间生产要素的交换状况

（一）生产要素的构成

我们通常所说的生产要素主要指参与社会生产经营活动的各种社会资源，任何一种生产要素都是维系整个经济运行及经济主体生产经营过程中所必须具备的基本因素。经济学上将生产要素分为四大类：劳动 L、资本 K、土地 N 和企业家才能 E，其价格分别为工资 ω、利息 r、租金 δ 和利润 π。这些生产要素不论是在市场经济条件下所进行的市场交换中，还是在计划经济条件下所进行的非市场交换中，都能够形成各种各样的生产要素价格及其体系。但长期以来，马克思主义经济学在我国占有主导地位，因此经济学理论界也只强调劳动在价值创造和财富生产中的作用，而忽略甚至忽视了其他生产要素的作用及其在国民收入中的贡献，因而除了劳动生产要素以外对其他生产要素参与收入分配的思想基本没有提及。而现实中所有生产要素都平等地参与生产活动，缺少任何一个生产要素，生产活动便不可能进行下去。因此，我们在突出研究劳动 L 对生产活动作用的同时，也应该重视资本 K、土地 N 和企业家才能 E 等生产要素在生产活动中的作用，所有参与生产活动的生产要素能合理合法地得到回报。但是在研究城乡收入差距时，这四种生产要素中的企业家才能这一生产要素可以忽略不计，因为对农村居民来说，根据经济学相关理论，我国的农产品市场近似于完全竞争市场，完全竞争市场中厂商长期均衡时，$P=AC$，也就是说，企业家才能的报酬即利润 π 趋向于零；而对城镇居民来说，企业家才能这一生产要素占比太小，根据国家统计局公布的数据，2013 年我国企业法人数为 820 万，占全国城镇总人口的 1.1%，不是主要的生产要素，因此分析生产要素的构成时，我们一般只考虑三种生产要素：劳动、资本和土地。

劳动生产要素是指从事各类劳动并获取报酬的那部分人口在经济、社会中的投入形成的劳动投入量。农业生产中劳动生产要素指在农业生产经营活动中实际参加生产活动并取得实物或货币收入的 18 周岁以上的人员数量，包括具有城市户籍但参与农业生产活动的劳动人员，也包括达到退休年龄但继续参加农业生产活动的劳动人员。

资本生产要素是指在农业整个生产过程中所使用的固定资本投入和流动资金投入。固定资本投入主要是指为农业生产所建设的基础设施等，一般不随农业生产量的增加而增加,如农业生产的机械设备、为农业生产所修建的沟渠坝等,这些固定资本投入一般要经过几年甚至更长时间才能将其价值完全消耗或者说全部转移到农业产出中。流动资金投入主要表现为农业生产的经常性投入,一般随农业生产量的增加而增加,如种子、化肥、农药等,这些流动资金投入一般在生产过程中会一次性地转移其全部价值。

土地生产要素一般是指没有经过人类劳动改造过的各种自然资源,主要包括可耕种的土地、用于建筑的土地以及土地上的森林、水面、天空和土地下的各种矿藏等。土地是不可增加的,比其他生产要素更加稀缺。同时,任何经济活动尤其是农业的生产经营活动都必须依赖土地资源,土地资源具有位置不可移动性和功能持久性,并且土地的位置优劣和肥沃程度也具有明显的差异性。特别是随着现代经济活动规模呈现的爆炸式增长和经济活动的深度不断增加,人口数量的不断增多,土地的稀缺性表现得更加直观。

(二) 生产要素的价格决定

对生产要素的价格决定问题,有两种代表性的观点。第一种观点认为,根据马克思主义经济学理论,社会必要劳动才能创造价值,生产要素根据其在价值形成过程中贡献的大小参与分配。由于劳动力、资本、土地等生产要素在价值形成过程中发挥各自的作用,因此社会主义的工资、利息和租金,只不过是劳动力、资本和土地等生产要素按生产过程中对价值形成的贡献大小而分配给要素所有者的报酬。第二种观点认为,生产要素根据其在生产财富的过程中即创造使用价值的过程中贡献的大小参与分配,而不是根据它们在创造价值中的贡献进行分配。两种观点分歧的焦点就在于生产要素是在创造价值中做出了贡献,还是在创造使用价值中做出了贡献,因而就产生了生产要素是分配价值还是分配使用价值的分歧。生产要素包括主体和客体两个方面。主体是生产活动中劳动的施加者,是最积极的因素,也是主动因素,如人的劳动就是主体生产要素;而客体是生产活动中劳动的施与者,是生产活动中消极的因素,也是被动因素,如农业生产活动中的土地、纺织过程中加工的棉花,以及其他生产活动中使用的工具都属于客体。在正统的西方经济学中,不论是主体还是客体,在生产活动中都是不可缺少的,所以按劳分配也应该是指所有的生产要素都参与分配的范畴。但在马克思主义经济学中,理想的社会主义社会在生产资料社会主义公有制的基础上,生产和再生产过程中参与生产活动的客体,在价值形成后其价值发生转移,新创造的价值根据每个劳动者的劳动贡献大小做出分配。因此,我国在传统的计划经济体制下,国家统包统分各种社会生产资源,而且对劳动者的消费资料仅按劳动者劳动时间的长短实行分配,并没有体现对所有生产要素的按劳分配。直到党的十六大召开以后，在党的十六大报告中才体现建立按包括劳动、资本、技术和管理等所有生产要素参与分配的原则。

(三) 生产要素的交换现状

在完全的市场经济体系中，生产要素流动和商品的流动完全一样，都是根据价格机制通过市场交易实现流动和配置的，也就是说生产要素根据价格机制实现交换，构成各种生产要素市场。在生产要素市场上要实现生产要素资源的合理配置，就必须按市场规律形成土地要素价格、劳动要素价格和资本要素价格。要素价格是市场供给和市场需求双方共同达到均衡状态决定的，而这个均衡状态会随着外界因素的变化而变化，因此土地、劳动、资本等生产要素均衡价格的形成与变动一方面与普通商品的均衡价格形成和变动过程具有相同之处，即生产要素在商品化过程中，其均衡价格形成和变动就具有一般商品的性质和规定性；另一方面，生产要素毕竟是特殊的商品，其均衡价格形成与变动也必然具有自身的特殊性。城乡间流动的要素包括资本、劳动力、技术、土地、信息、产权六个方面。在目前城乡存在较明显发展差距的状况下，土地、劳动力、农村产权等生产要素主要集中在农村，而资本、技术、信息、城市产权等生产要素主要集中在城镇。当前由于以城镇化为导向的要素流动引导机制的驱动，农村生产要素向城市转移已经形成初步机制和较大的规模，但城市生产要素向农村流动的制度机制尚不具备，出现了生产要素从农村流向城市远远大于从城市流向农村的不平衡格局。

1. 劳动要素的交换现状

随着我国户籍制度的改革以及社会保障制度的完善，我国劳动力流动越来越流畅，越来越频繁，目前我国劳动力流动主要有六大趋势：一是从农村流向城市或者从小城镇流向大中城市；二是从内地落后城市流向沿海发达城市；三是从各地传统经济部门流向新技术、新产业开发区；四是从技术力量雄厚的部门流向技术力量薄弱的部门；五是技术力量雄厚的部门之间相互流动频繁；六是国际间的劳务流动加快，主要体现在劳务出口和从国外引进优秀人才两个方面。当然，随着我国综合国力的不断增强，我国劳动力流动的趋势越来越明显，流动的范围越来越大，流动的方式也越来越丰富多样。

劳动力在不同行业、不同地域、不同职业、不同岗位等之间的流动，体现了我国现在劳动力市场的运行和劳动力资源的合理利用。劳动力的流动在最大程度上使得我国劳动力市场上的人力资源得到充分利用，能够让雇主和雇员在双向选择的过程中双方之间都能得到最大程度地匹配，并能促进我国经济持续健康地增长。尽管我国劳动力流动还存在着一些障碍，但正朝着越来越公平、平等的方向发展,也表明了我国劳动力生产要素的平等交换向前迈出了一小步,劳动力的平等交换缩小了城乡居民的工资水平差距。随着工业化和城镇化进程的加快,我国农村向城镇流动的生产要素规模迅速增大,而且表现为持续加速流动状态。2012年,我国农民工人数约为2.6亿,其中,跨市进城务工人员约为1.6亿,比上年增长3.9%;本市进城务工人员约为1亿,比上年增长5.4%;65%以上的农村家庭有成员进城务工,加上带眷人口,城镇中每年有5亿以上农村人口,这意味着城镇每2~3人中就有1个农村人口。

2. 资本要素的交换现状

"十二五"期间,随着我国新型城镇化建设的推进,乡镇企业不断发展壮大,具备更多的机会进入城市甚至国际市场谋求更大的市场空间,提升企业层次;而近年来随着城市投资边际收益降低和工资成本上升,部分来自城市的企业、资金开始流向具有特色资源优势的县域拓展蓝海市场。这种"乡企进城"和"城企下乡"的双向资本流动日益增多,从资金的城乡流动状况看,农村资金流向城镇的规模远远大于城镇资金流向农村的规模。城镇流向农村的资金主要有两大通道:其一是农村务工人员将务工收入通过邮政或银行汇入农村地区,由于农村地区资本边际收益率远低于城镇地区,农村金融机构又通过存多贷少、购买债券、拆借和上存资金等方式,使流入农村地区的资金又回流到城镇;其二是城镇工商资本投资农村产业开展农业产业化经营、旅游开发和商业开发,虽然这方面的投资市场竞争较小,但由于受到土地规模集中不足以及不能改变用地性质两方面的约束,城镇资本在农村地区的投资存在较大的风险和较明显的收益天花板,形成机遇和风险的长期博弈。

3. 土地要素的交换现状

（1）土地市场的构成

在实行市场经济体制的资本主义国家,生产资料属于私人所有,土地作为生产要素之一也是属于私有的生产要素。在市场经济条件下形成的土地市场实际上包括两类市场:一类是土地交易市场,另一类是土地租赁市场。在土地交易市场上,需求双方交易的对象是土地的最终所有权,需求双方最终达成的交易结果就是土地价格;在土地租赁市场上,需求双方交易的对象是土地的使用权,需求双方最终达成的交易结果表现就是土地地租。在我国社会主义初级阶段以生产资料公有制为主体的市场经济中,我国土地所有制性质分为两种:国家所有制和集体所有制。国家所有制土地包括城市土地和非农业用地,集体所有制土地包括农业用地。因此,我国的土地市场主要指城市土地市场和农村土地市场,而且是两种彼此分隔的土地市场。

(2) 城市土地市场

城市土地市场包括一级市场和二级市场。一级市场是指出让土地使用权的土地交易市场,也就是国家将国有城市土地使用权有偿出让的市场,其中包括国家有偿征收的原属集体所有的土地;二级市场是指转让土地使用权的土地交易市场,就是由国家地产机构通过垄断土地经营市场,国家将农村集体所有的土地征收为国有土地,进而进入城市土地转让市场。

(3) 土地价格的形成

在城市土地市场上,不论是一级市场还是二级市场,也就是说不论土地是出让还是转让,只要是土地市场上发生的交易行为,土地受让者向土地出让者交纳的土地使用费包含两部分费用:一部分是投入到土地生产过程中并形成土地生产力的固定资本,也就是土地资本的折旧和利息费用;另一部分是为使用土地而支付的费用,也就是平常所说的地租,土地价格就是地租的资本化的表现。根据马克思主义的观点,土地在生产活动中属于自然要素,并不能在价值创造中产生作用,地租只是凭借其所有权瓜分生产的剩余价值或利润收入。地租的源泉实际上就是"剩余劳动的产物"。因此,土地价格是买卖土地所有者索取地租收入权利的价格,实质是土地凭借其在生产活动中独特的性质而取得收入的商品化、市场化、资本化的货币表现。不仅如此,土地价格的高低还受到许多因素的影响,如地租量、利息率水平、土地供求、地理区位、生态环境、心理偏好等相关因素,而所有这些都不是创造价值的源泉。2012年,我国农村集体土地通过国家征地或规划调整等方式转为城镇建设用地的总面积约为749万公顷,土地出让收入为2.7万亿元,占同年全国农村建设用地的4.5%。由此可见,农村人口和土地正以年约5%或更快的速度向城镇流动。

二、土地要素平等交换的弓箭弦靶理论模型

在我国土地国有或者集体所有的国情前提下,打破政府对土地的直接参与是很困难的,政府在土地要素交换中的作用应该是合理参与。在借鉴相关经济理论以及土地要素自身特点的基础上,出于全面性、系统性的考虑,把土地要素平等交换理论模型定义为弓箭弦靶理论,土地是一切活动的载体,是弓;土地要素交换活动是主要事件,是箭;保障机制是服务于箭头方向性的定位器,是弦;土地要素平等交换是最终目标,是靶。该理论的含义是土地因其自身价值的特点被认为是一种特殊的商品,围绕其展开的要素交换活动受到其本身属性、国

家宏观调控以及市场调节因素等多方面的影响,为确保我国土地要素交换活动顺利进行,应从政策、法律法规、市场规范性以及金融支撑体系等角度构建土地要素平等交换的保障机制,最终实现土地要素平等交换,并为缩小城乡收入差距提供思路,如图4.1所示。

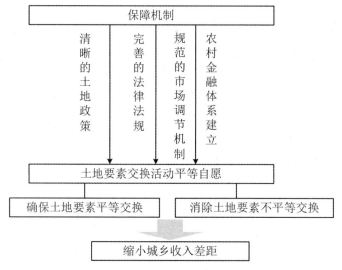

图4.1 土地要素平等交换弓箭弦靶理论模型

(一) 土地是土地相关活动的载体——弓

土地是人类活动的空间载体,土地投入、产出、利用效率、现有价值以及未来价值等都是在土地这个载体上产生的。同样地,土地亦是土地要素交换活动的载体,是交换过程中利益关系人的经济载体。鉴于此,本书在理论模型探索中,把土地要素视作弓箭弦靶理论模型中的弓。

土地与其他交换环节中的商品有区别,因而也就导致土地资产与其他的资产展现出不同的特性:第一,土地的价格主要是由地租的形式表现出来的,而地租是由于土地使用权转移而形成的一种分享增值收益。第二,资本利率会直接影响地价的波动,而其对一般资产价格所产生的影响则具有一定滞后效应。第三,土地作为资产在使用的过程中具有永续的特点,商品经济和土地所有权导致了使用中的地价不会消失。

土地资产的特殊性,决定了它在社会经济中既对社会基本经济制度起保障作用,又配合生产价格对市场经济起到调节的重要作用。同时,这也决定了土地这一要素在交换过程中的平等性体现和保障与一般商品的交换不同。它既受自身的未来价值性的影响,又受到市场经济和政府干预的双重制约。

（二）土地要素交换是衍生于土地之上的平等性活动——箭

土地要素交换是衍生于土地之上的经济活动，该经济活动牵涉面甚广，从土地相关权利，到政府、农民和工商资本彼此之间交叉的权责关系、利益关系等都有涉及。本书的研究目标是对土地要素交换过程中平等性的分析，在土地要素交换过程中，"平等"是如何体现的？根据现状调查，分析土地要素交换过程中存在着哪些"不平等"交换的现象与可能性。本书认为平等性主要体现在土地要素交换过程中的自愿性和利益分配机制上。自愿性主要和政府干预、行政手段有关，利益分配机制主要和土地增值收益分配有关。

关于农村集体土地增值收益分配问题这个主题，可以细化为两个问题来理解：第一个问题是农村集体土地增值收益的来源是什么，即各个参与价格增值或价值增值的利益主体之间是什么关系，是怎样实现土地增值的；第二个问题是农村集体土地增值收益分配遵循什么样的分配形式，即以按需分配、按劳分配、按要素分配还是以其他的分配形式进行土地增值收益的分配。关于征地的土地增值收益的形成原因与分配、地租理论及价格理论等相关。土地增值收益的形成原因以及分配机制等相关问题，本章不做深入探讨，具体内容详见第五章。本章主要从农民自愿性方面阐述不平等性的体现。

1. 土地流转中的不平等性

现行土地流转的形式总结下来主要表现为小农户出去务工等原因内部之间的流转，流转结果不形成规模耕作；另一种是工商资本的介入，农民入股或者大包之后再返包给农户等，最终形成的结果是规模耕作。前者农户之间的转包，体现了农户自己的交换意愿性，那么这个交换就应该被认作是平等的，即可认为此种土地流转形式不存在不平等性，或者不平等性无法度量。后者农业规模化经营是当前土地流转的主要形式，亦集中体现了不平等的存在。

首先，靠行政推动流转使得农民意愿不被考虑。由于人们对政府工作效果的盲目追求，认为土地规模化是建设新农村的必要条件，从而导致土地流转工作被行政推动。更有些地方直接将土地流转规模和比率当作指标用来考核基层干部，导致出现了违背农民意愿的诱导强迫方式。中国土地存在着人多地少的问题，土地是农民的生产和生活资料，因此流转过程中政府必须考虑农民意愿，引导流转。

其次，工商资本和农民之间的利益获得和分配不明确。党的十八届三中全会指出："鼓励和引导工商资本到农村发展适合企业化经营的现代种养业。"工商资本进入农村的目的是提升农业产业化，但现阶段我国并没有制定适当的农地经营准入限制条件，导致农村土地在被流转的过程中出现了圈地对象条件参差不齐、土地的利用率低下、农民无地可种等问题,还伴随着随时都会发生的来自自然、市场、金融等方面的风险。

再次,土地流转程序中确权的公平性存在隐患。为了推进现代农业的不断发展,高效地推进土地资源的配置,农民承包地的确权出现了确权确地和确权不确地两种不同的处理方式。但绝大多数的农民是不希望自己被执行成确权不确地的形式的。政府如果不考虑农民的意愿,先于确权登记之前进行流转,可能会为以后发生土地纠纷埋下无法解决的隐患。

最后,土地流转之后,农民生计风险存在变大的可能。在土地流转过程中存在承包权抵押和经营使用权抵押的问题,前者属于物权性抵押,后者属于债权性抵押,而物权性抵押和债权性抵押在抵押物权利是否清晰、处置是否方便、流入和流出双方的权利是否对等等问题上表现都各不相同,因此农民能够享受到的权利也是不一样的。这就导致在土地流转的后续问题上,被动失地者的生计会出现问题。

2. 土地征收中的不平等性

我国农地实行集体所有制,法律规定地方政府为了公共利益需要,依法给予农民补偿后,可将农民集体所有土地使用权收归国有,这种行为被称为土地征收。而在征地的过程中,现有不平等的征地制度引发了许多的社会矛盾,损害了农民的利益。

现阶段我国征地补偿范围包括土地补偿、劳动力安置补偿、青苗费以及地上附着物补偿等方面,然而我国现行的补偿方式基本上是一次性、货币性的,即一次总计给付农民一定的金额,这种土地的分配制定并没有考虑到土地对农民的重要性。在我国,土地是农民的生产源泉,是农民的生活依靠,没有土地,农民便失去社会保障,等于失业。而当农民所有的土地被过低的补偿标准和单一的补偿方式所征收时,就必然会导致农民失去生产和生活资料后无法继续维持生活,使得农民的利益受到损害,从而影响我国经济发展和社会稳定。这种征地的不平等性主要表现在:

(1)法律赋予政府相应的征地权利,但对征地过程中权利范围的界定并不清晰。在我国政府的"征地市场"中,政府是唯一的"买"者,所有的土地都必须经过国家的批准才可以进入流转市场,所以农民或者集体所有制只能被动地接受政府的各种规定。

(2)在我国现行的二元土地所有制中,集体土地与国有土地享有不对等的权利。土地资产所带来的价值,根据其使用的方向不同而不同,征地过程中能够带来较大收益的土地是征收后用作城市建设的土地。而集体土地在用途和流转范围上受到了严格的限制,相关法律规定其不能转让、出租用于城市建设,国有土地是城市建设用地的唯一来源。

（3）政府是征地者，集体组织是集体土地的所有者，拥有集体土地的所有权，农民是弱势群体，各方主体的地位是不平等的。征地过程中，政府会凭借绝对优势实施征地，而在基层的集体组织容易受到政府行政权力的影响，不能很好地维护农民的利益，这就使得农民很难有维护自身权益的话语权、议价权。

（4）地方政府利用土地财政、GDP 等指标来考核自己的政绩，从而导致了一定的利益驱动。政府在一级市场上征收土地后，再以高价出让土地，这中间的差价使政府获得了丰厚的收益，这就会使地方政府产生依赖性，坐享其成。而土地财政又是不具有可持续性的，这样地方政府容易面临着高的金融风险。

（三）土地要素交换保障机制是保证平等性的定位器——弦

如何保障土地要素交换的平等性，应建立在上述土地流转和征收的不平等性产生的原因研究上，从法制健全、政府干预以及市场运作等方面，有针对性地研究保障机制，最终"还利于农民"，具体可以分为以下方面：

（1）明确稳定、清晰的土地要素交换政策。政策是方针，指明管理的方向，并为管理过程提供依据，所以土地要素交换政策应该明确、具体。以全面收集信息、多方案择优性、可行性、系统性、公共利益性为基本原则，并秉承生态效益、社会效益和经济效益三个选择顺序，在保证土地要素利用可持续性的同时，务必把社会生态的可持续性发展、人类环境的保护放在首位。另外，农村土地要素交换政策既要符合新型城镇化建设和农业现代化发展的需要，又必须保障农民的切身利益；既要考虑农地的利用效率，又要兼顾农地使用的多样化和灵活性。

（2）土地要素交换市场规范化。土地要素交换市场规范化是农村土地发展与制度改革的必然趋势。通过对日本和韩国农村土地历史发展的研究可知，制定颁发农村土地要素交换市场规范化的相关政策之后，大大盘活了农地资源，土地要素利用效率大幅度提高，不仅为现代农业规模化经营提供所需，也解决了工业发展和新型城镇化进程中对农村土地要素的需求问题。在我国农村土地要素制度的相关研究中，可从完善价格机制、构建交易平台等方面考虑制定市场规范化政策，从而使得土地要素平等交换顺利进行。

（3）法律法规的完善。农村土地要素平等交换需要法律法规的保障与约束。一方面，农村土地不属于私有财产，集体土地使用权的交换以及土地的用途等问题需要依据国家法律法规执行；另一方面，农村土地要素平等交换是多方参与的过程，农民、商业企业以及政府这一职能部门，在体现交换公平性这一原则之下,各方主体切身利益需要保护,这便需要规范完善的法律制度的约束。

(4)农村金融平台的搭建。农村土地要素平等交换需要农村金融业的发展作为其支撑体系,国外案例研究发现,德国农村土地改革便是以农业地产抵押银行和合作银行为金融支撑,扩大农业融资渠道,保证了农业经营发展的资金所需。在中国农村土地要素平等交换的研究中,应坚持金融支撑体系的建立与完善,针对当前农村金融地位、功能等方面的问题进行改革,构建出集商业性、政策性、合作性等为一体的多元化农村金融体系,以保障土地要素平等交换、农业规模化经营等资金问题的有效解决。

(四)平等交换是土地要素交换的最终目标——范

土地、自有资金、劳动等生产要素是农民的收入来源,要素通过在市场内部交换获得相应的边际报酬。我国现行的土地制度是,农民只拥有土地的使用权,农村土地流转由集体控制,而地方政府控制着土地的征收。在土地要素交换的过程中,集体或者地方政府会获得大部分的利益,而农民只能获得很少一部分的出让金。这样的收益分配不合理是造成城乡收入差距的原因之一。综上可知,推进城乡间要素平等交换,是农民收入增长的重要保障。而在城乡要素平等交换中,劳动力、资金要素早已市场化,目前最重要的问题是土地要素的平等交换。

农村土地要素交换时,关注的不是土地本身这个物的市场化过程,而是附着于其上的各种权利,也就是产权的市场化过程。农村土地承包经营权是市场化的对象,土地承包经营权是土地所有权派生的权利的集合,主要包括占有、使用、收益和让渡权。区别于所有权,土地承包经营权在期限和权能范围上都有量的限制。根据产权理论,土地承包经营权包含使用权、收益权和让渡权,三者构成土地承包经营权市场化的内容。而土地承包经营权的流转是市场化议题的主要内容,流转的方式包括转让、转包、出租、互换、入股和土地信托等;流转的主体是农民,土地生产要素市场化的对象不涉及所有权,因此,该市场中的主体就不是所有权人——村集体,而是掌握土地承包经营权的农户;流转的手续采用登记对抗主义。

在市场化的过程中,要明晰农民产权。现实中,农民利益受到侵害不是由于市场化带来的,恰恰是行政干预破坏市场机制的后果,突出表现为对农民土地承包经营权的侵害。"同权同利",赋予农民更多的财产权利,遵循土地要素市场化规则,推进城乡要素平等交换,从而缩小城乡之间的收入差距。

三、不同类型土地要素交换形式对缩小城乡收入差距的影响

(一) 农用地流转方式金融创新对缩小城乡收入差距的影响
——以安徽省为例

标准的新古典经济学理论预言,资本、土地和劳动等要素价格差异会导致要素在区际间持续流动,直至城乡收入趋同(Lucas,2004)。与标准新古典均衡模型预期相违背,改革开放以来,尽管我国经济保持高速增长,但经济增长的普照之光并没有惠及广大农村,城乡收入差距持续扩大(江一涛,2010)。城乡要素不平等交换和公共资源非均衡配置严重制约了城乡一体化发展进程。越演越烈的城乡经济发展二元化,引起了国内外学者的广泛关注。对城乡二元化发展的原因,陆铭等(2004)从城乡资源的非均衡配置、郭剑雄(2005)从人力资本差异、高志仁(2008)从农民财产性收入不足、陈斌开等(2012)从农村金融抑制等角度分别予以解释。

毋庸置疑,资源非均衡配置、人力资本差异、金融抑制都是形成城乡经济二元化发展的原因,但遵循新古典的均衡思想,持续、系统性的城乡收入差距仍需回到阻碍劳动力迁移的轨道上来。与发达国家城乡劳动力的永久性迁移模式不同,我国劳动力迁移具有其鲜明特点:一是劳动力从农村向城市的单向迁移,二是城乡劳动力流动表现为候鸟式的非永久性迁移模式。2006年国务院发展研究中心的一项研究表明,选择在迁移地长期定居仅占受访农民工的8.13%。于是,制约城乡统筹发展的症结便可以聚焦到影响劳动力迁移模式的因素上来。建立在二元户籍制度基础上的城乡居民就业、社会保障、公共服务不对等,曾是非永久性迁移的标准解释(万广华等,2010)。但令人不解的是,改革开放以来我国户籍制度改革的基本取向是放松规制,不少二三线城市甚至完全放开,但城乡劳动力非永久性迁移的基本格局并未从根本上得到改善,这说明仍有更深层次的原因有待挖掘。

发展经济学研究表明,有效的农地产权制度不仅可以提高劳动生产率,也是促进劳动力异地迁移、实现城乡二元经济转型的重要前提(North,1981)。这意味着解释中国城市化进程中的劳动力非永久性迁移、城乡收入差距扩大现象,我国特殊的农地产权制度的重要性不容忽视。进入21世纪后,学者们开始

重视发展中国家特殊的农地产权制度对收入分配的影响。Mullan等(2008)在理论上证明农地使用权的不安全会对劳动力迁移行为、城乡收入趋同机制产生抑制作用,Valsecchi(2014)对墨西哥的实证研究也发现了农地使用权的不确定和迁移行为高度相关。在农地使用权的稳定性方面,Rupelle(2010)发现在中国,由于承包地可能被周期性调整,农民只能选择往返于城乡间的非永久性迁移模式。在农地抵押权的权能实现方面,Henderson(2007)重视发展中国家土地资产的抵押、变现能力对城乡收入均等化过程的影响。国内方面,谢冬水(2014)构建了城乡二元结构模型,分析了农地转让权对劳动力迁移和城乡统筹发展的影响;蒲坚(2014)提出了"强的人地依附关系是新时期城乡统筹发展的最大障碍"的命题,引发了骆永民等(2015)对"土地是农民增收的保障还是障碍"的理论思考;杨孟禹等(2015)讨论了劳动、资金和土地等要素流动受阻与城乡收入差距的内在联系,对本书研究富有启迪意义。

已有研究大多从农地产权安全性、稳定性和抵押权实现等方面分析农地制度对劳动力迁移模式的影响,鲜有从农地流转方式金融创新角度来分析的。党的十八届三中全会赋予农地承包权抵押、担保权能,鼓励在"三权分置"原则下发展农地入股、土地信托等多种流转形式实现农业产业化经营,为农地流转方式金融创新破题。人地依附关系固化使得我国农地制度创新面临着双重任务,既要通过农地流转解决适度规模经营问题,又要通过农地金融创新从根本上将农民从土地束缚中解放出来。鉴于此,本书以农地制度改革的排头兵安徽省为例,阐述农地流转方式金融创新对城乡统筹发展的作用机理及路径选择。

1. 安徽农地流转现状及存在问题

(1) 安徽农地流转现状

截至2016年12月底,安徽省流转土地总面积达4158.34万亩,土地流转率为30.1%,基本与全国平均水平持平。其中耕地流转面积为3287.86万亩,耕地流转率为48.6%,远高于全国33.3%的平均水平。

表4.1列出2016年底安徽省土地流转的类型、流转形式和流转期限等主要结构指标。从土地流转类型结构上看,耕地、水面和山场在流转土地的占比为79.1∶6.7∶14.2,耕地流转是土地流转的主要类型;从土地流转形式上看,转包和租赁是主要形式,在土地流转总面积中占比接近八成,说明安徽省土地流转以初级形式为主;从土地流转期限结构上看,流转土地以中长期为主,3年及以上期限土地流转占比约为75%。而在2010年,中长期流转土地占比不足50%,这反映近年来安徽省土地流转的新动向,有利于稳定农业经营主体预期,激励农民从事土地整治、改良的长期性投资的积极性。

表 4.1 2016 年底安徽农村土地流转结构情况

结构	土地类型			土地流转形式						土地流转期限			
	耕地	水面	山场	转包	转让	租赁	互换	入股	代耕	1年	2年	3~5年	6年以上
面积	3287.86	279.71	590.77	1081.73	150.93	2113.20	154.75	97.16	554.57	521.99	375.29	1565.34	1579.01
占比	79.1	6.7	14.2	26.0	3.63	50.8	3.72	2.34	13.3	12.6	9.03	37.6	38.0

注：数据来源于安徽省农业委员会官方网站：http://www.ahny.gov.cn/xxgk/detail.asp?id=10449，经作者整理计算得出。土地面积单位为万亩，占比为百分比。

(2) 安徽农地流转存在的问题

首先是土地流转规模普遍偏小，难以实现农业生产的规模经济。虽然近年来安徽始终将培育新型农业经营主体作为农业现代化的要务，出台专项政策鼓励农业生产向集约化、专业化方向发展，农业合作社从1.5万个发展到6.3万个，家庭农产和现代农业产业化经营联合体从无到有，规模以上农业企业增加至2721家，但总体而言，土地流转规模偏小仍是制约安徽农业产业化进程的主要障碍。截至2016年底，安徽参与土地流转的流出户数为594.01万，流进户数为136.18万。以此数据粗略估算，户均流出耕地为5.53亩，户均流进耕地为24.1亩。根据国务院发展研究中心农业经济研究部叶兴庆的研究，"适度规模"就是要将土地规模控制在成本、管理水平能够掌控的范围之内。从目前生产技术条件和农民管理能力来看，可估算出北方一年一熟地区约120亩为适度规模，而南方一年两熟地区60~70亩为适度规模。以该研究为标准，安徽与全国情形一样，土地流转规模普遍偏小，严重制约了农业产业化进程。

其次是土地流转初级形式占比过高，农地流转方式金融创新力度不够。土地流转方式依据其农地金融化程度可分为初级形式和高级形式。初级形式包括转包、转让、租赁、互换、代耕等形式，高级形式包括使用权入股、地票和土地信托流转，其本质是借助金融创新将农地承包经营权的证券化。目前，安徽省土地流转率虽然保持较高的增长势头，但存在流转形式低端化、农地流转方式金融创新力度不够等问题。在流转土地中，初级形式占比高达97.5%，使用权入股仅占2.34%。2013年10月，土地信托流转虽然花落安徽宿州，但经验尚在总结之中，目前尚没有大规模推广。地票模式可实现城乡建设用地的空间置换，但在安徽仍是新鲜事物。土地流转高级形式占比过低，不仅带来新型农业经营主体融资难问题，人地依附矛盾也不能从根本上得到解决，最终阻碍了城乡统筹发展的进程。

再次是土地流转区际间分布严重失衡，皖北好于皖南，经济发达地区好于经济欠发达地区。以耕地流转率为例,2016年底,流转率最高的阜阳市耕地流转率高达60.4%,而两淮地区耕地流转率仅为32.3%,土地流转市场发育表现出区际间的严重不平衡性。总体而言,皖北地市土地流转率高于皖南地市,经济发达地区情况好于经济欠发达地区。皖北人均耕地比皖南高,皖南耕地地块分散,这固然是土地流转区际间失衡的资源禀赋原因,但思想观念落后和土地流转市场体系不健全等原因也不容忽视(表4.2)。

表4.2 2016年底安徽省各地市耕地流转情况比较

地市名	耕地面积(万亩)	耕地流转率(%)	地市名	耕地面积(万亩)	耕地流转率(%)
合肥	273.1	57.3	淮北	70.6	32.3
安庆	213.0	49.4	宣城	108.3	47.1
亳州	394.3	51.9	六安	297.0	45.4
芜湖	164.0	53.8	淮南	150.0	32.3
阜阳	513.0	60.4	池州	54.3	39.7
铜陵	63.2	53.4	黄山	28.8	34.5
滁州	263.0	43.4	蚌埠	204.1	48.5
宿州	386.2	47.1	马鞍山	105.0	56.8

注:数据来源于安徽省农业委员会官方网站:http://www.ahny.gov.cn/xxgk/detail.asp?id=10449,经作者整理计算得出。

最后是地块分散,土地流转不彻底,农业兼业化现象十分严重。家庭联产承包责任制实施之初,分地遵循"远近搭配、肥瘦统筹"的原则,虽然实现了分地"公平",但不可避免地带来了地块分散化的弊端。2013年,由农业部牵头对全国家庭农产的抽样调查显示,目前我国农户平均在5.7个地块上经营耕地7.5亩,平均每块地仅1.3亩左右。地块分散问题在安徽同样不容乐观,尤其是在以山地、丘陵为主的皖南地区。地块分散直接导致土地很难彻底流转,加之对口粮安全的顾虑,安徽农村兼业化现象较为严重。借全国第三次农业普查之际,笔者从安徽池州某乡镇的普查案头材料中了解到,该乡镇7347个农户中,共有6485户农民参与到土地流转中,但土地全部流转仅有1452户,68.5%参与土地流转的农户至少保留一块耕地。农业兼业化使农民不能摆脱土地束缚,实现城乡劳动力永久性迁移,也成为城乡统筹发展的掣肘。

2. 农地流转方式金融创新对城乡统筹发展的影响

(1)人地依附是制约城乡统筹发展的症结

城乡统筹发展是指改变发展中国家传统的"农业农村、工业城市"的二元经济思维模式,统一协调、统筹安排,实现城乡一体化发展目标。过去研究多从农村公共物品的供给、农民增收和户籍制度改革等方面,寻求城乡统筹发展的对策思路。但根据新古典模型的标准解释,收益差异会导致要素流动直至趋同,于是城乡统筹发展的症结应转移到城乡劳动力迁移的影响因素上来。户籍制度通常被认为是阻碍城乡劳动力永久性迁移的外生因素。改革开放以来,户籍作为限制劳动力区际流动的障碍逐渐放宽,二、三线城市进城落户政策甚至完全放开。令人不解的是,城乡劳动力非永久性迁移的基本格局并没有改变,说明除去户籍制度以外,存在阻碍劳动力永久性迁移和城乡统筹发展的深层次原因。

人地依附固化是制约城乡统筹发展的症结。土地是农民的命根子,"有地才叫农民"。几千年的农耕文化,赋予了农民对土地特有的占有情怀。土地流转一定程度上改变了农民对土地的直接占有关系,但地块分散、农地金融发展滞后等原因,使得农地流转仍停留在转包、转让、租赁等初级形式,人地依附关系没能从根本上得到解决。城镇化是实现城乡统筹发展的重要抓手,而城镇化的核心是人的市民化。将农民永久束缚在有限的土地上,不仅影响农民增收,也使农民很难举家迁徙到城市安家落户,成为制约城乡统筹发展的症结。

(2) 农地流转过程中的双重矛盾及破解

众所周知,规模不经济、信贷约束和人地高依附性是困扰我国城乡统筹发展的三大难题。当前我国农地制度改革面临着双重约束,既要通过土地流转解决适度规模经营问题,又要借力农地金融创新从根本上将农民从固化的土地束缚中解放出来。转包、转让、租赁、互换、代耕等初级农地流转方式能有效促进土地要素集中,一定程度上解决适度规模经营问题,但信贷约束和人地依附性却不能从根本上解决。

农地流转方式金融创新为破解当前我国农地制度改革面临的双重矛盾提供了新思路,要在传统土地流转方式中融入金融血液,借助农地证券化破解农业融资、人地依附等难题。农地证券化使农民对土地的占有从有形转变成无形,土地这一农民最重要的生产资料的资本属性功能才能从根本上被激活,才能从根本上将农民从固化的农地依附关系中解放出来,实现城乡劳动力永久性迁移,推动城乡统筹发展。

(3) 农地流转方式金融创新对城乡统筹发展的作用机理

认识到人地依附性是制约城乡统筹发展的症结十分重要,有助于我们从劳动力迁移模式的角度分析农地流转方式金融创新对城乡统筹发展的作用机理。具体而言,农地流转方式影响城乡劳动力迁移模式可分解成风险减轻效应和信贷约束效应,图4.2是农地流转方式金融创新对城乡统筹发展的作用机理。

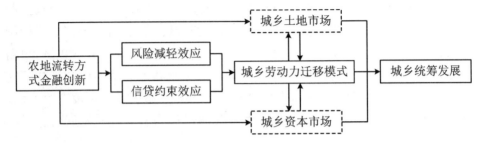

图4.2 农地流转方式金融创新对城乡统筹发展的作用机理

风险减轻效应是指农地证券化可以稳定农民进城安家落户对土地使用权的心理预期,解决了土地流转"疏于看守"的后顾之忧。土地确权是农地流转方式金融创新的前提。确权无疑给土地"身份证",农民再也无需顾虑因为土地长期流转"疏于看守",在下一轮土地承包权调整中会处于不利地位了。这大大减轻了农民进城安家落户对土地使用权不稳定的心理预期,有利于流出户和流进户签订长期土地流转合同,毫无疑问这有助于实现城乡劳动力永久性迁移。

信贷约束效应是指在城乡劳动力永久性迁移过程中,农民进城安家存在最低"门槛"费用,农民因为缺乏有效担保物,无法获得足够资金,进而阻碍了劳动力迁移。农民进城安家除了住房、教育等必要的生活成本外,还包括置业费用,直接影响劳动力迁移决策。农地金融创新后,兼顾资本、不动产和商品三种属性的土地,可以作为陌生人社会中的声誉载体,它可以被商业银行接收为抵押品并用于控制借款者的违约风险(米运生等,2015)。土地流转方式金融创新可使农地产权货币化、资本化,可在二级市场上变现获得进城安家置业的宝贵资金,是将农民从土地束缚中解放出来的农地制度创新。

农地流转方式金融创新影响城乡统筹发展还可通过多要素市场联动机制表现出来。当前要素市场的不平等交换和公共资源的非均衡配置是制约城乡一体化发展进程的另一顽疾,突出表现在城乡劳动力市场、土地市场和资本市场的不平等交换上。农地资本化为投资者提供了新的投资渠道,有利于解决农业融资难题;地票是城乡土地交换金融创新的新模式,可实现城乡土地要素"同权同价",让广大农户普享土地增值收益。在这里,农地流转方式金融创新无疑是一把抓手,不仅能改变城乡劳动力非永久性迁移模式,还可借助要素市场的联动机制,带动城乡土地、资本等要素市场均等化过程,最终实现城乡统筹发展。

3. 不同农地流转方式金融创新模式的运行机制比较

(1) 使用权入股

使用权入股是最早的农地流转方式金融创新模式。承包人将土地承包经营权(亦即使用权)量化为股份用于出资,实行土地股份合作经营,并按照契约取得相应收益。近年来,我国逐步深化农村产权制度改革,使用权入股也从早期的单纯土地要素股份合作,逐渐演变成劳动、资金和土地等多要素股份合作的形式。图4.3是多要素股份合作模式的运行机制,以土地流转为契机,按照资金、土地入股,劳动力入社,成立土地股份合作社、劳动股份合作社和置业股份合作社,使农业生产要素得到重新优化配置。在使用权入股的多要素股份合作模式中,土地流转后农民既可以在新型农业经营组织务农,也可在工商企业务工,选择空间较大;既可以获得劳动收入,也可以根据所占资金、土地股份多少获得股息、租金等财产性收入,丰富了农民的收入来源。

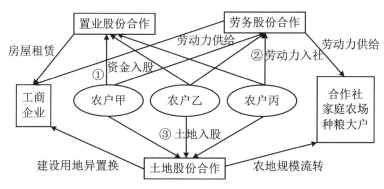

图4.3 多要素股份合作模式的运行机制

(2) 地票

地票是指农村宅基地及其附属设施用地、乡镇企业用地、农村公共设施和农村公益事业用地等农村集体建设用地经过复垦并经土地管理部门严格验收后,所产生的指标以票据的形式通过农村土地交易所公开拍卖的农地证券化模式(杨飞,2012)。严格意义上说,地票模式不属于农村内部土地流转金融创新模式,而是城乡建设用地指标的空间流转。图4.4是地票模式运行机制,分为复垦、验收、交易和落地四个环节。复垦环节,土地开发机构在村民自愿原则的基础上,将闲置的农村宅基地及其附属设施用地、乡镇企业用地、农村公共设施和农村公益事业用地等农村集体建设用地进行复垦,转变成符合耕作要求的耕地;验收环节,由土地主管部门组织对复垦土地评估验收,发给土地使用权人相应面积的票证,形成地票供给;交易阶段,持票人让渡地票获得交易价款,受让人获得城市用地指标;落地阶段,地票受让人根据拥有地票额度,在城市郊区依法征地。地票交易是农村土地使用权流转的新探索,改变了建设用地城乡二元分置局面,为农村集体土地享有国有土地平等权利破题。

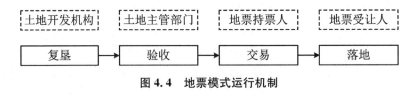

图 4.4 地票模式运行机制

(3) 土地信托

土地信托在我国实为土地承包经营权信托,是指承包户基于对受托人的信任,将其土地承包经营权委托给受托人,由受托人按承包户的意愿以自己的名义,为承包户的利益进行管理或处分的行为(文杰,2009)。土地信托很好地践行了农地产权"三权分置"原则,是效率和公平的调节器,在实现市场机制和公有制完美兼容的同时,有力地推动了城乡统筹发展。实践中土地信托通常采用"二次代理"模式(图 4.5),即委托代理和信托代理,整个土地信托活动涉及受益人、委托人、受托人和服务商等利益主体。农户作为信托受益人,签订委托代理合同,自愿将农地承包经营权委托给集体经济组织或政府出资的土地信托机构,完成委托代理;土地信托机构作为委托人将土地信用委托给具有相应资质的信托公司,信托公司再作为受托人直面市场寻求适宜的农业企业充当流转土地的服务商,完成信托代理。"二次代理"模式可避免农户直面市场,弥补单个农户专业知识缺乏的不足。信托公司还可充分利用其专业优势开展多功能集成信托业务,为农业企业经营融资。

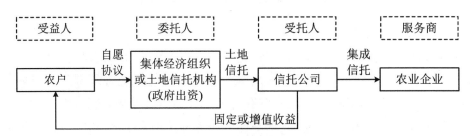

图 4.5 土地信托"二次代理"模式的运行机制

4. 安徽省农地流转方式金融创新的路径设计

(1) 在土地确权颁证基础上赋予流转经营权的担保、融资权能,明确土地流转后的各利益相关人的权利关系。与初级形式农地流转方式相比,使用权入股、土地信托和农地证券化等高级形式的农地流转方式有规模大、流转时间长等特点,且农地流转前的实物形态可能不再继续保留。这就需要通过开展土地确权,使转出去的土地"四至"清晰,让农民吃上定心丸,也是处理纠纷、开展经营权抵押担保、落实惠农政策的重要依据。安徽是全国最早开展农村土地承包经营权确权颁证的整体试点省份,到2016年底全省基本完成了农村土地承包经营权确权颁证工作。问题是《物权法》虽然已经明确承包经营权是用益物权,具备担保、抵押权能,但土地流转后,新型农业经营主体拥有的独立经营权是债权,其是否有担保、抵押权能尚未明确,实践中正是这些新型农业经营主体的信贷约束问题最严重。在国家层面上,这需要修订《物权法》和《担保法》,赋予独立经营权的担保、抵押权能,同时明确农地金融创新活动中各利益主体的责权利。

(2) 优化农地流转结构,探索使用权入股、地票和土地信托等新型农地流转形式,鼓励条件成熟的地区先行先试,借力农地金融创新实现农地流转。积极培育农业新型经营主体,使之成为农地流转的中坚力量。切实采取有力措施、出台专项政策,鼓励返乡农民工、大学生、退伍军人等群体到农村开展"双创"活动,探索工商业资本进入农业领域新机制。遵循农地流转的"三权分置"原则,在已有转包、租赁、代耕、互换等初级流转形式的基础上,积极探索使用权入股、地票和土地信托等新型农地流转形式,促进农业产业化和集聚、抱团式发展。开展农地流转金融创新活动相关的产品设计、风险防范、SPV设计、定价机制等研究,鼓励经济基础好的地区先行先试农地金融化。在拓宽农民增收渠道的同时,还能减轻人地依附程度,有助于实现城乡一体化发展。

(3) 在省内经济发达和适合现代农业发展的地区推行"股田制"改革,"确权确股不确地",妥善解决新型农业经济主体对承包权的"公平"诉求。"增人不增地,减人不减地"是土地承包期30年不变的自然结果,也是安徽多数农村目前认定集体经济组织成员的惯例。农地流转后劳动生产率提高带动租金上升,激发"外嫁女""新生儿"和回乡大学生对承包权的诉求。如何解决新型农业经营主体对承包权的"公平"诉求和农业生产相对稳定的矛盾?"股田制"改革提供了一个有益思路。"股田制"是农地股份合作的实施形式,就是将农村集体土地按照人均占股的方式确定给每个农民的土地使用权,即"确权确股不确地"。建议在安徽省内工业基础好、城镇化率较高的地区,如铜陵、马鞍山两地率先试行"股田制"改革,可以解决由"增人不增地,减人不减地"带来的"有地无人种,有人无地种"的困境,新型农业经营主体的承包权诉求也可得到满足。同时股权制将现代企业制度引入农业生产领域,有利于实现农业产业化经营,也是发展农地证券化的前提。

(4) 打造规范统一的省级农村产权交易平台,推动农村产权交易"阳光"化运行和合理定价机制的形成。土地流转免不了农村产权交易。目前,安徽省存在市县乡三级农村产权交易机构,各级机构交易流程不统一,农地产权交易总体呈无序状,必须尽快打造省级产权交易平台,构建市县乡三级联动运作模式,实现申报、论证、受理、投标和中标等一系列交易功能。农村产权交易包括资产评估、交易信息发布、价格发现、组织产权交易、签约、交付、执行等多个环节,这个链条主要由市场机制来主导。而链条之外的政策法律支撑、纠纷处理和仲裁以及产权变更登记,属于核心的制度保障,应由政府承担。这样,政府和市场的边界得以厘清,可推动农地产权交易的"阳光化"运作,防止权力寻租,促进合理产权定价机制的形成。

（5）科学选择农地流转方式金融创新模式,通过劳动力迁移模式的转变助力实现安徽城乡统筹发展。我国农地权属关系复杂,各地地形地貌差异较大,在农地金融创新模式上不应该千村一面。现实约束、制度约束和技术约束大大限制了我国农地流转方式金融创新模式选择的可行集。我国农村问题的症结决定了农地金融创新不仅要通过农地流转解决规模经营问题,还需要借力金融创新,解决人地依附和劳动力非永久性迁移等深层次矛盾问题。在使用权入股的模式下,农民可自由选择是否参加劳务股份合作社,但不能出让土地股份向城市永久迁移,人地依附关系有了一定程度的改善。地票模式本质上是城乡建设用地的空间置换,与农业生产没有直接联系,因此农业规模经营和人地依附性没有根本变化。土地信托对准农村问题的症结所在,将规模经营和人地依附问题"毕其功于一役",因而是当前安徽农地证券化模式的现实选择。

(二) 宅基地置换对缩小城乡收入差距的影响

改革开放以来,我国经济社会发展取得了举世瞩目的成绩,但城乡发展不平衡的问题仍然十分严峻。从城乡收入差距来看,1978～2015年我国城乡收入差距虽在某些年份呈现出降低的趋势,但纵览这30多年的数据,发现整体呈现出上升趋势。统计数据显示,2015年全国城镇居民人均可支配收入为31790.3元,实际增长8.2%;农民人均纯收入为10772元,实际增长8.9%。虽然我国农村居民人均纯收入增长已经连续几年高于城镇居民,但城乡收入差距仍高达2.95∶1。通过对农村居民收入结构进行分析可以看出,财产性收入是其中的一块短板,对总收入的贡献只有2.2%,而随着社会的不断进步,农民生活条件的不断改善,经营性、工资性和转移性收入的增长空间越来越小,尝试增加农民财产性收入可以作为未来提高农民收入水平的有效途径。这不仅有利于提高农民收入水平,实现农民长效增收,同时也有利于藏富于民,实现社会和谐稳定。

从经济学角度来分析影响农民收入水平的因素,主要包括劳动力要素、资本要素和土地要素,而土地要素作为农民拥有的最大财产,蕴藏着巨大的增收潜力。目前,我国农村土地制度改革进入了第三阶段——征地、集体经营性建设用地和宅基地改革。这三块地中,农村宅基地是我国所特有的概念,它的存在为保障农民安居乐业、粮食安全乃至全国工业化建设发挥了重要的作用。长期以来,我国对农村宅基地采取的是禁止流转的政策,然而近些年来,在城郊或一些经济发达地区,随着农村人口不断地转移至城市,存在大量宅基地空置或者违规交易的现象,这就引起了大量宅基地的闲置,从而造成农村土地资源的浪费,抑制了农民拥有使用权的宅基地的价值。2015年中央一号文件《关于全面深化农村改革加快推进农业现代化的若干意见》已经明确提出要完善农村宅基地管理制度。宅基地流转是指在赋予农户对宅基地享有充分的用益物权的基础上,允许对宅基地使用权采取出租、出售、抵押等处分措施,可以有效盘活农村土地市场,增加农民收入,推动实现城乡一体化。

农村宅基地流转的核心内容是还权赋能,主要是进一步扩大农村宅基地的使用权能,增强农村宅基地的流动性,提高农村土地资源的配置效率,增加农民财产性收入,缩小城乡收入差距,逐步实现城乡发展一体化。宅基地置换对缩小城乡收入差距的作用机理主要是从以下几个方面来体现的:

1. 资源配置效应

资源配置效应指的是通过采用宅基地流转的方式,将辖区内的农民住房用地进行合理的规划,在考虑到满足农民自身需求、提升农民居住条件的前提下,提高土地的利用效率。

从我国的基本国情可以看出,土地是农民经济保障的基础,农民把土地作为自己的基础生活资料。为了拥有更多的生活保障,农民居住散乱,围绕着原有住房在其周边搭建新的房屋等,从而导致农用地与非农用地混在一起,无法有效地界定土地的属性。除此之外,农民在新建自有住房的同时,往往会忽略对村内道路、下水管道等基础设施的建设,使得屋内屋外条件相差甚大,整体居住环境较差。此外,近年来随着农村人口不断外流和产业转移,在一些地区,"空心村""空巢户"已经成为比较普遍的现象,宅基地闲置浪费、低效利用、无序交易和隐性市场等问题突出,土地的利用效率也不高。

通过制定完善的管理机制和合理的补偿机制,可以对农民的宅基地进行土地流转。对辖区内的农民住房进行统一管理,将农民迁移出老、破、旧的原始宅基地,入住规划建设统一、基础建设完善、配套设施现代的新型安居房内。原有的宅基地被收归为腾退复垦集体建设用地,作为有偿调剂用地指标被记录在册,在有需要时进行合理的安排,获得的收益作为集体收益,根据辖区内农民所拥有的权益进行分配,从而可以有效地盘活农村闲置土地资源,提高农村土地利用效率,有效缓解土地供需矛盾,破解耕地占补平衡难题,提高农民财产性收入水平。

2. 机会成本效应

随着经济的不断发展,城镇化进程顺利推进,农村人口也想获得更高的经济收入,享受更好的物质生活条件,因而大量农村劳动力转向城市。大规模劳动力迁移,青壮年劳动力大量地进入城市,留守在农村的大多都是老人和儿童,人口的非农化现象严重,在很大程度上引起了农村劳动力素质的下降。仅靠剩余劳动力进行农业生产,就会造成固有农业劳动力生产率低下,从而导致农村土地的利用率持续下降,农民的收入受到影响。农村青年劳动力进入城市后,迫切地想要获得工作的机会和稳定的收入,为城市的发展与建设提供了源源不断的后备力量,然而对这部分农民来说,在城市中生活的成本比在农村高。他们虽然名义上享有农村宅基地的使用权,但当这种权利无法有效地转换成能够随意支配的财产性收入时,宅基地使用权和房屋所有权对其生活所带来的正向效应就不复存在了。此外,无法流转的宅基地使用权和房屋所有权一直留存在农村,只能任其闲散破败,无形中也是一种土地利用率低下的表现。

采用宅基地流转制度,让留守在农村的人口搬离老、破、旧的原始宅基地,入住集中建设的安居房,可以在一定程度上提升非农人口的生活条件,让其土地能够继续为其提供保障机制。被集中起来的原始宅基地进行平整后,作为村内的集体用地进行集中规模经营,或者通过建造沼气池、改良土壤、修筑水渠等建设方式增加农业基础设施的投入,有效革新农业生产的基础设施,提升农业产出的质量和劳动生产的效率,集中规划,统一管理。对外出务工的农民来说,受知识水平低、缺少技术等因素的限制,很多进城务工农民的工资收入处于比较低的水平,在医疗、教育、养老等方面的保障不够充分,很难完全地融入城市生活。给予这部分农民一些合法的权利,将其拥有的宅基地以出租或直接退出的形式进行流转,获取稳定而合理的收益,可以变现在农村拥有的财产性收入为其在城市的生活提供启动资本,让其能够提升在城市的生活水平。

基于上述效应可以看出,宅基地土地流转对提升农民的生活水平和财产性收入具有显著的作用。在宅基地土地流转政策制定的过程中,要做到保护和尊重农民的宅地基使用权和房屋的拥有权,降低农民的流转成本,完善社会保障制度,从而推动宅基地流转工作的顺利进行。

(三) 政府征地对缩小城乡收入差距的影响

土地非农化或土地征收的增值收益通常是指农村农业用途用地与城市建设用地价格之差,在扣除必要的土地整治、开发成本后的剩余。很多模型从不同的角度对我国土地非农化的增值收益进行分析,比较具有代表性的有供求关系模型和地租模型。供求关系模型从西方生产要素定价理论出发,认为土地价格由供求关系决定,我国农村和城市建设用地因市场分割产生价格差,土地征收增值收益即为两个市场供求平衡后的价格差再扣除土地开发费用所得的收益(张宏斌,2003)。地租模型将供求关系模型动态化,视土地为能够带来长期收益流的资产,土地价格是地租价格的资本化。城市化加剧了建设用地的稀缺,导致农用地和建设用地地租存在较大差异,非农化增值收益实质上是土地征收前后地租的增加值(杜新波等,2003)。

土地征收的供求关系模型和地租模型虽然有一定的解释力,但共同缺陷是将西方要素定价理论、资产定价理论简单套用到我国土地非农化实际上,仅注意到土地交换中的市场因素,无视我国土地征收中政府的主导作用,以及由此产生的市场失灵和政府失灵问题。我国法律规定城市土地国有和农村土地集体所有,并对土地用途都有十分严格的规定。二元制的土地管理体制不仅从制度上实现了城乡土地市场的分割,也赋予政府在土地征收中特殊的角色。政府有权按照法律程序在土地一级市场上征收农村集体土地,然后在土地二级市场上转让。正是由于二元土地市场的制度性分割,土地征收中一级、二级市场的垄断性以及土地市场的外部性等原因,我国土地征收的增值收益远不止土地非农化的自然增值部分,还包括因为垄断、外部性等市场失灵产生的价格扭曲。因此,为了全面、系统、综合考察我国土地非农化后的增值收益构成,本章对二元土地制度下土地非农化增值收益空间进行分解,充分考虑到垄断、外部性等因素的影响,从理论层面对城乡要素不平等交换中农民利益受损程度和收入差距提供一种解释。

1. 土地征收的自然增值——因二元制土地制度下城乡土地市场分割所致

图4.6以一个倒置的等腰梯形,形象地绘制了中国二元土地制度下土地非农化增值收益的空间分解构成。P_{A0}和P_{U0}分别是没有政府垄断因素且考虑到土地市场的外部性,农村土地市场和城市土地市场完全竞争情形下的农用地市场价格和建设用地市场价格(实践中,农用地市场价格表现为农地流转租金价格,城市建设用地市场价格表现为土地出让价格)。根据生产要素定价理论,在完全竞争市场上,要素价格决定于要素的边际生产力,数值上等于要素的边际产量和产品的边际收益乘积。由于城市建设用地用于生产或经营附加值更高的工业品或服务,产品市场上的供求关系影响要素市场价格,必然导致农用地和建设用地的价格差异。由于这部分差异剔除垄断、外部性等市场失灵因素的影响,可称之为土地征收的自然升值。

$$V_{\text{nature}} = P_{U0} - P_{A0} \tag{4.1}$$

土地要素边际生产力差异仅为农用地和建设用地价格差异提供可能性,现阶段二元土地制度下的城乡土地市场分割才是价格差的本质原因。如果土地要素自由流动,农用土地能够不受限制地转为建设用地,在高收益的利益驱动下,不断会有农用地转变为建设用地。在边际收益递减规律的作用下,农用地的边际生产力因农用地存量不断下降而上升,城市建设用地的边际生产力因建设用地存量不断上升而下降,仅当二者相等时才会趋于平衡。但是我国目前实行的二元土地制度将城乡土地市场分割成两个相对独立的市场,尽管二者存在巨大的价格差,也不会因为土地流动而趋同。新古典经济学崇尚的资源流动带来收益率趋同和均衡调整机制,在我国城乡二元土地制度下很难发挥作用。所以,我国城乡二元土地市场分割才是土地征收收益自然增值的本质原因。

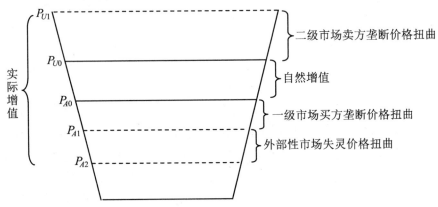

图 4.6 二元土地制度下土地非农化增值收益的空间分解

要素流动是缩小城乡土地要素自然增值的因素,现实经济中还存在加大城乡土地要素价格差的因素,特殊时期其影响力甚至超过要素流动的力量,导致土地征收的自然增值非降反增,尤其在土地要素流动受阻时表现尤为明显。如城市快速扩张的二、三产业,主要是房地产业的快速发展,形成对城市建设用地的需求井喷,短期内推动城市建设用地出让金上升。需要强调的是,土地自然增值的部分是地区经济发展水平上升的结果,具有一种典型的外部经济性,与土地所有者的努力程度无关。

2. 土地征收的价格扭曲——因市场失灵所致

土地征收的实际增值远不止自然增值部分,还包括诸多因素导致的土地价格扭曲部分。价格扭曲是指完全竞争受阻时,价格不能真实反映市场供求关系,发生了市场失灵。根据市场失灵产生的原因差不同,土地市场价格扭曲又可分为因垄断导致和因外部性所致。

垄断因素导致的土地征收价格扭曲进一步可分为一级市场买方垄断价格

扭曲和二级市场卖方垄断价格扭曲。在图 4.6 中,政府是土地一级市场的唯一买方,会利用垄断势力将征收价格压低到 P_{A1} 获得"买方垄断利润";同时政府也是土地二级市场的唯一卖方,也会利用垄断势力将价格提高至 P_{U1} 获得"卖方垄断利润"。外部性导致价格扭曲是因为现阶段土地对农民来说不仅是一种生产要素,还承担着就业和社会保障的功能。现行土地征收一般根据土地现有用途的若干倍数进行补偿,忽略了土地承载的社会保障功能。考虑到土地社会保障功能的正外部性,非农化价格被压低至 P_{A2},这也是实际土地征收补偿价格。P_{U1} 和 P_{A2} 间的价格差是土地征收的实际增值,可分解成自然增值、一级市场买方垄断价格扭曲、二级市场卖方垄断价格扭曲和外部性市场失灵价格扭曲四个组成部分。

$$V_{\text{real}} = P_{U1} - P_{A2} = \underbrace{P_{U0} - P_{A0}}_{V_{\text{nature}}} + \underbrace{P_{A0} - P_{A1}}_{V_{\text{monopoly1}}} + \underbrace{P_{U1} - P_{U0}}_{V_{\text{monopoly2}}} + \underbrace{P_{A1} - P_{A2}}_{V_{\text{externality}}}$$

(4.2)

3. 土地非农化增值收益的分配

一旦回到土地非农化增值收益的分配问题,分析方法就从实证转向规范。土地的自然增值部分并非农民努力的市场结果,而是政府改善基础设施的直接后果,这部分收益理应归政府所有,这也是农地征收实践中普遍实行"涨价归公"原则的原因所在。在"涨价归公"原则的指引下,政府获得全部土地增值收益,农民获得与农地经营相联系的补偿费。根据第三章的分析,现阶段政府获得的土地增值收益不仅包括其应得的自然增值收益,还包括因垄断、外部性等市场失灵因素导致的价格扭曲增值收益。土地价格扭曲越大,政府获得的增值收益比重就越高。实践中很难精准分离出土地增值中的自然增值和价格扭曲部分,两者夹杂在一起。正因为技术上的不可分割性,政府得以在"涨价归公"的幌子下,利用法律赋予的征地垄断权力侵蚀农民利益,攫取土地非农化过程中绝大多数的增值收益,使土地要素不平等交换成为城乡收入差距扩大的重要原因。

(四) 农村集体建设用地入市对缩小城乡收入差距的影响

党的十九大报告指出:"必须始终把人民利益摆在至高无上的地位,让改革发展成果更多更公平惠及全体人民,朝着实现全体人民共同富裕不断迈进。"改革开放以来,在党的正确领导下,人民的生活水平得到了显著的提高。然而,不可否认的是,贫富差距问题突出,其中一个重要表现就是城乡收入差距较大。贫富差距加大已经是中国经济社会发展存在的突出矛盾和必须要解决的重大问题。针对此问题,从中央到地方,政府各个层面出台了很多促进城乡统筹发展、缩小城乡收入差距的政策,虽然收效很大,但是没有从根本上改变趋势。城乡土地制度不统一,权能不一致,被认为是城乡发展不平衡、城乡收入差距拉大的一个重要原因。允许农村集体建设用地合法依规进入土地市场,对降低用地成本、减少征地纠纷、盘活农村集体建设用地资产、从根本上改变城乡二元结构以及缩小城乡收入差距,具有不可替代的作用。

1. 农村集体建设用地入市概念及国内现状

(1) 农村集体建设用地入市相关概念界定

我国法律规定我国土地为社会主义公有制,即全民所有制和集体所有使用的土地,一般而言,城市市区的土地归国家所有,农村和城市郊区的土地归集体所有。农村集体建设用地是指农村集体经济组织和农村个人投资或集资,进行各种非农建设所包括的宅基地、公益性公共设施用地和经营性用地。这最早追溯到20世纪50年代,当时是为了配合完成社会主义公有制改造,农民自愿将自己的土地、宅基地等相关生产资料投入到村集体,形成集体农业经济组织。虽然从法律上而言,这类土地归集体所有,但实际上是农民具有长期的使用权和经营权。农村集体建设用地入市是指在集体建设用地所有权不变的前提下,集体建设用地使用权以有偿方式发生转移、再转移的行为,包括出让、出租、转让、转租、作价入股、抵押等流转方式,其实质是使用权主体发生有偿变动。这样做实际上是将农村的土地使用权市场化,能够与城市建设用地一样享有同等的待遇,使得农村土地资源能够得到合理有效的配置,农民能够享受到土地增值的效益。

(2) 农村集体建设用地入市的国内现状

据统计,2014年底我国农业人口占总人口的45.3%。这表明我国城市化发展到现在仍然不够充分,农村人口依然占有较大的比例。一直持续的城乡二元结构至今仍未完全改变,其中一个重要表现就是城乡土地资源也长期保持着二元结构。近40年的改革开放,经济得到长足发展,使得包括土地在内的重要生产要素资源价格上涨惊人。但是在中国一个特有的现象就是,土地资源的使用权不是统一定价,城乡之间采取了不同的制度。一方面,城市土地出让供不应求,不但价格高,有关主体对土地的需求量还极大。另一方面,农村集体土地不能进入市场交易,无法满足市场对土地资源的需要。这一点党中央已经意识到问题所在,党的十八届三中全会明确农村集体经营性建设用地可以入市,与国有土地同权同价。同时党的十九大报告精神也在很大程度上支持解放农村土地资源。因此,地方政府也根据中央的精神积极地创新土地制度改革,其中一个重要创新是允许农村集体建设用地入市,如在浙江省德清县、安徽省芜湖市等地已经开始了试点。从目前来看,农村集体建设用地入市对增加农民收入、发展农村经济和改变农村面貌,起到了明显的成效。

2. 我国城乡收入差距的现状及成因分析

自 2004 年以来,中央一号文件已经持续 16 年以"三农"问题为主题,对增加农民收入、促进农村发展做出了很多重大部署。从农民人均收入指标来看,这些部署取得的成绩也是很明显的,从 2004 年到 2016 年,农民人均收入从 2936 元跃升至 12363 元(图 4.7)。但在很长的一段时间里,农民收入增长率还低于 GDP 增长率,如 2003 年 GDP 增长率为 10%,而农民收入增长率仅为 4.3%。这种状况一直持续到 2010 年,该年农民收入增长率首次超过 GDP 增长率。但与城镇居民收入相比,农民收入仍然很低,其中原因有很多,笔者认为主要原因如下:

(1) 农村土地产权不明晰,不利于农民财产性收入增长

不可否认,近年来我国农民财产性收入增长速度有了很大提高,但是由于农民财产毕竟有限,基数较小,财产性收入占农民总收入的比重仍然很小,远远低于发达国家。其中最重要的原因就是农村土地产权制度不完善,尤其表现在农民应该被赋予的集体收益分配权、土地承包经营权、宅基地使用权等财产权利受到诸多限制,权利难以得到真正的发挥和使用。

(2) 农村基础设施相对落后,制约了农村经济的发展

中国经济的腾飞和发展,虽然主要依赖于制度性红利以及人口红利,但是也积累了一条重要经验,就是重视基础设施的建设。中国近年来基础设施的建设投入比重很大,对经济发展的促进作用也很明显。然而城乡之间的基础设施建设仍然存在很大差距,究其原因而言,国家经济发展的战略路径是先城市、后农村,城市带动农村,农村支持城市。相应的基础设施资金的投入也自然更多地表现在对城市的投入较多上,而农村基础设施建设的资金主要来源于政府财政,相对单一,这严重制约了农村经济的发展和农民收入的增加。

(3) 农民受教育程度相对较低,制约了农民收入的增长

可以肯定的是,农民近年来的受教育程度有了明显的提高,农村不仅培养了很多接受高等教育的社会优秀人才,同时也为社会输送了大批新生代农民工。这也极大地提高了农民的工资性收入,使农村发生了翻天覆地的变化。然而相对城市而言,农村的基础教育水平和投入仍然不够,一方面直接影响了农民的创新力和效率,制约了农村的发展和农民收入的增长;另一方面也促使很多重视孩子教育的农村家长不得不投入大量的人力、物力、财力到城市寻求优质的教育资源,其中最终的表现就是去城市买房或到城市陪读等,这也从间接上制约了农民收入的增长。因此,农村基础教育投入必须要提高,一方面依赖于政府加大对农村基础教育的投入,另一方面还需农村自身的投入。

(4) 农村与城市社保体系相比仍然略显薄弱,不利于农村创新发展

近年来,国家不断采取措施完善农村社保体系,可以肯定的是,同之前相比,农村社保体系得到了明显的改善,如农村医保改变了以前农民不敢看病的状况,减少了农民因病致穷的现象,农村的低保政策可以说是为贫困农民"雪中送炭",对贫困农民家庭给予了极大的帮助。然而,由于农村人口相对较多,财政收入相对较低,与城市相比,农村社保体系仍然很薄弱,不能真正满足农村对养老和医疗的需要,这也在某种程度上拉大了城乡收入的差距。

(5) 农民收入结构相对单一,制约了农民收入的增长步伐

广大农民的收入来源主要为外出务工的工资性收入以及在家务农的农产品销售收入。然而如果背井离乡外出务工,需要很多的额外支出,如租房支出、餐饮支出等。如果在家务农,由于农产品的供给效益总体不高,如农村农产品供给更多的是初级产品,产品价值不高,品牌缺乏,不能满足由于人们收入上涨对农产品需求的变化,因此农产品价格较低,但农产品生产成本不低,农产品效益总体不高。这些都直接和间接地影响到农民收入的增长以及城乡收入差距。

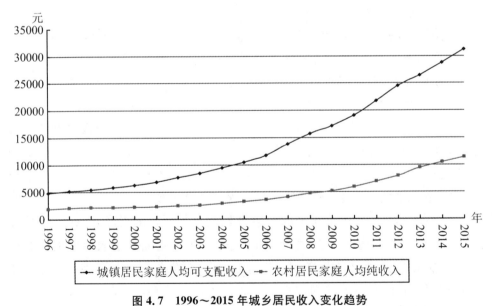

图 4.7　1996～2015 年城乡居民收入变化趋势

数据来源:国家统计局数据库,其中 2013 年前后统计口径不一致。

3. 农村集体建设用地入市对缩小城乡收入差距的作用机理

农村集体建设用地入市对缩小城乡收入差距会产生重要的促进作用(图 4.8)。简单而言,农村集体建设用地入市通过解决农村收入增长的制约因素,

拉近农村与城市的距离,直接和间接地增加农民收入,从而缩小城乡收入差距。

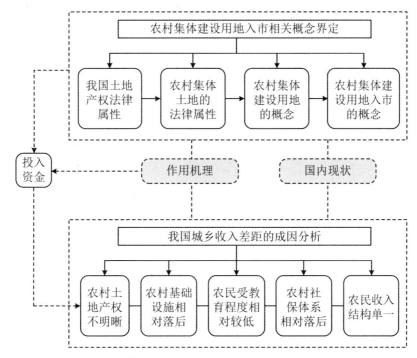

图 4.8　农村集体建设用地入市对缩小城乡收入差距的作用机理

(1) 拓宽用地流转的渠道,直接增加农民收入

农村集体建设用地入市,最为直接的就是拓宽这类土地流转的渠道,增加土地的市场需求。如农民之间可以自由转让宅基地,一些荒废的公益性用地可以公开出让,这一方面能够极大地提高这类土地的使用效率,另一方面可以直接提高农民收入,增加农村集体的收入。

(2) 增加农村基础设施建设投入的资金来源

如前所述,农村基础设施建设投入很大程度上制约了农民收入的增长,而单纯依靠政府财政投入,又不能充分满足需要。农村集体可以通过对集体建设用地的出让,将所获得的收入投入到基础设施建设中去,如拓宽村村通公路,扩大和疏通沟渠等。这一方面有利于农产品物流的便利,另一方面也能发挥农产品生产的规模效应,降低单位农产品的生产成本,提高生产效益。

(3) 拓宽农村基础教育投入的资金渠道

农民受教育程度与农民收入的增长具有一定的相关性。农村教育,尤其是基础教育必须要加强,这主要依赖于政府的投入,但是农村人口众多,短期的财政投入不能完全满足农民对长期基础教育水平提高的需要,因此,基础教育的发展还需要农村集体扩大资金来源。农村集体建设用地入市可以很好地扩大农村基础教育的投入,促进农民受教育程度和水平的提高,从长期来看有利于增加农民的收入,缩小城乡的收入差距。

(4) 扩大农村社保体系投入的资金来源

农村养老与医疗仍然严重影响着农民消费能力的提升和农民创新创业的积极性,减少了农民增收的潜能,影响了农村的长期发展。农村社保体系同样不能仅仅依赖政府一家解决,依靠农民自身才是关键。农村集体建设用地的入市为完善农村社保体系提供了可能。农村集体可以通过出让集体建设用地的资金,利用自身掌握农民信息便利性的优势,有针对性地帮扶一些贫困家庭;也可以通过设立农村帮扶基金、资助农民子女上大学、建立农村养老院、帮扶孤寡老人等来帮扶一些贫困家庭。即在政府帮扶的基础上新添一份温暖,这些都能在一定程度上为农村创新发展减少包袱,有利于缩小城乡收入差距。

(5) 提高农村招商引资的吸引力,扩大农民收入来源

农村集体建设用地入市后,由于这类土地价格与城市土地相比,具有明显的价格吸引力,这为那些难以承受高额城市土地成本的企业来到农村投资提供了可能:一方面为农民及农村集体建设用地扩大了市场,直接提高了当地农民的财产性收入;另一方面又能为农民就近务工提供机会,减少了离乡务工的额外成本,提高了农民的工资性收入。另外,随着农村投资的加大,又能改变农产品结构性矛盾,使得农产品的生产与市场能够尽可能地保持一致,提高农产品生产的效益。这些对缩小城乡收入差距起到了关键性的作用。

四、基于收入分配效应的土地要素平等交换的作用机理

(一) 土地要素平等交换的财产增值效应

土地除了具有生产养育功能之外,还具有多种功能,如社会保障功能、信用担保功能、资产蓄积功能、增值功能、承载功能和生态功能。从生产角度看,土地是一种自然资源,但从法律角度看,土地就是一种权利。土地财产权就是指土地作为生产要素参与到生产活动中而取得地租收入的权利,农民的土地财产性收入主要是依附于土地经营活动而产生的,它是农民凭借其土地参与生产活动的特殊性而获取的非生产性收入。从收入来源来看,土地作为一种财产而产生的财产性收入一般包括土地财产权流转中的红利、租金、补偿和土地被征收

等的增值收益等,其中并不包括由于土地的财产性而发生的间接性财产收入,如农民利用土地的财产性而获得的金融资产所带来的经济收益等。

萨缪尔逊认为财产和收入之间存在着相互影响的关系,拥有原始财富的不平等导致了收入差距的扩大,不平等的财产分配是收入分配不平等的一个重要因素。在新型城镇化建设浪潮的带动下,房地产市场近年来异常高涨,城市商品房交易不论是从数量上还是从价格上看,均明显呈现出增加的趋势,而农村土地承包权的流转并不十分顺畅,尤其是农村住房基本无法实现交易。这导致了城乡住房市场由于住房财产化程度的不平衡而产生财产价值的不平等,这一切造就了城乡居民财产分配的不平等。我们发现,几年前具有同样财富的家庭,由于拥有房产的数量不一样,几年后的今天,他们的财产出现天壤之别,也就是说以前城镇居民拥有的房产数量决定着其现在财产数量的多少。城乡居民之间的财产差距随着城市房价的上涨迅速扩大,正是由城乡之间住房市场的财产化政策不平等导致的,而且城乡居民之间的财产差距现在已经几乎到了无法缩小的地步。作为城市居民,在城镇化建设的过程中,房价的上涨使得房产的财富效应作用明显,城市房价的上涨可以使拥有城市住房的城市居民更容易获取更多的贷款,利用这些抵押贷款城市居民更容易购买多套住房,然后可以通过出租多余的住房来支付贷款利息或者等待房价上涨后出售多套住房获得更高的收益而快速实现财产增值。而作为一名农村居民,在城镇化建设进程中,农村居民个人拥有的宅基地,并没有所有权和支配权,仅仅具有使用权,因而农村居民的住房无法像城市商品房一样实现正常的市场化交易,不能按市场的价格实现转让和出让,也就不能像城市住房一样实现财产的增值;即使位于城市周边的农村集体用地,在其上建设的房产无论是从地理位置还是从发展潜力来说基本上与城市的商品房没有太大的差距,但由于不被政府认可而被定性为小产权房,而且不受法律保护,因而也无法上市流通。宅基地以外的农业耕地作为农村居民的主要财产,也会被政府以比较低廉的价格征收,因为面对强大的政府,农民无法与之进行平等的谈判,而我国的土地征收法规定按产出价格进行补偿,产出价格的多少主要取决于谈判双方的地位,计算主观性比较大。在农民与政府的谈判地位、信息等不对等的情况下,农民无法获得较多的土地级差地租收益。因此,我国城乡居民土地要素财产化的不平等,将会进一步加深城乡居民财产分布的不均衡程度,城乡居民收入上的差距也会不断扩大。

在城乡土地要素平等交换的条件下,农村集体用地上建设的房产也与城市商品房一样完全市场化,极大地刺激了农村集体用地的增值,提高了农村集体用地上建设的房产价格,增加了农民的财产性收入。虽然农村集体用地的市场化极大地减弱了城市土地的稀缺程度,在一定程度上降低了城市住房的价格,降低了城市居民的财产总值,但是却改善了城市居民的居住条件;而对农业耕地,在城乡土地要素平等交换的条件下,政府在竞争性的市场中作用明显减弱,政府对农业耕地征收时的定价权也随之丧失,农民能够获得更多的土地级差地租的收益,从而增加了农村居民的财产性收入。因此,在城乡土地要素平等交换下,城乡居民财产性收入差距随着城市居民财产性收入的下降和农村居民财产性收入的上升而逐渐缩小,如图4.9所示。

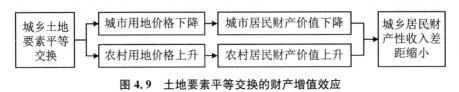

图4.9 土地要素平等交换的财产增值效应

(二)土地要素平等交换的社会福利平衡效应

在我国国民收入分配和再分配过程中,各级政府的财政支出结构及支出总量是影响我国城乡居民收入差距的重要因素,尤其是政府的福利性社会财政支出和民生类社会财政支出直接影响了居民的生活水平,因此财政在福利性和民生类的支出结构及其支出水平也直接影响了我国城乡居民的收入差距。我国很多城市依靠出让土地使用权的收入来维持地方财政支出,通常也称之为土地财政,所以城乡土地要素价格差距直接影响了城乡政府财政收入的多少,也就影响了城乡政府的财政支出水平,更进一步地影响了城乡居民的生活水平,扩大了城乡居民的收入差距。

城乡政府财政支出水平影响城乡居民的生活水平尤其是社会福利水平表现在三个方面:首先是增加财政的教育支出对城乡居民收入差距的缩小效果显著。教育的财政投入具有很强的外部经济性,教育财政投入的增加不仅减轻了城乡居民当前的教育负担,同时也为城乡居民今后的就业创造了平等的机会。其次是财政的医疗保障支出增加会提高城乡居民的生活质量,建立城乡统筹的医疗保障系统,能够为城乡居民提供相同的公费医疗服务,达到缩小城乡居民收入差距的目的。最后是财政的养老保障支出增加会直接影响城乡居民的老年时期收入水平,建立全国统筹的养老保障体系,也是缩小城乡居民收入差距的重要手段之一。

城市的土地财政能够为城镇居民提供更好的公费医疗服务,城镇的中小学能够获得大量财政补贴,会让城镇学校吸引优质的教师队伍,使城市居民享受住房补贴、物价补贴等各种补贴以及其他的社会保险。而农村的土地要素流转受到很多的限制,必然降低了土地要素市场价格,为农村基层地方政府的财政支出带来压力。

土地要素平等交换后,农村集体土地的价值增值,直接增加了农村集体组织的公共收入,农村集体组织拥有更多的财力用于公共支出,可以保障增加农村学校的补贴、为农民养老、为医疗提供补贴等更多形式的社会福利,使农村接近或达到城市拥有的福利水平。土地要素在城乡之间平等交换后,乡村的财政收入会有所提高,城乡之间的社会保障支出比重基本达到均衡,更有可能建立更加公平可持续的社会保障体系,如图4.10所示。只有农村财政收入提高后,才能有财力提高农村居民的低保水平,才能完善养老保险机制,进而让社保福利能真正受惠于农村居民,真正实现社会保障服务均等化。

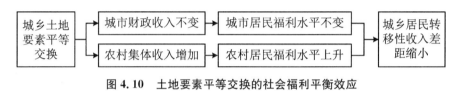

图 4.10　土地要素平等交换的社会福利平衡效应

(三) 土地要素平等交换的要素收入规模效应

目前我国土地细碎化现象十分严重,土地细碎化的一个结果就是不能实现机械化耕种土地,导致生产效率低下,尤其是在我国的劳动力成本越来越高的趋势下,土地细碎化必然阻碍了我国农业的发展和农民收入的提高。与土地细碎化相对应的就是土地在农业生产过程中的规模效应,按经济学理论解释,规模效应是指在生产过程中投入生产要素变动相同比例在不同的条件下会导致产量不同程度地发生变动,包含规模经济和规模不经济两个方面。规模经济是指生产过程中投入生产要素变动会导致产量更大程度地变动,也就是说随着生产规模扩大,企业的商品单位成本降低,企业的劳动生产效率提高,也称之为规模报酬递增;规模不经济是指生产过程中投入生产要素变动会导致产量更小程度地变动,其原因是由于生产规模过大,在生产过程中企业的管理和各个生产环节协调方面存在诸多困难,机构管理和监督成本增加,生产效率和管理效率降低,导致产出减少,也称之为规模报酬递减。

精通农业生产的农民通过流入闲置土地,改变了农业落后、传统、小规模的个体经济耕作模式,通过多种途径进化为现代大规模的生产合作式经济形式。现代大规模的生产合作式经济形式降低了农业生产成本,抵御了农业生产过程中产生的风险,从而实现了规模经济。所以在现代大规模经营的基础上,农民的收益会不断增长。对于农业生产活动不太精通的农民,通过流转出闲置土地的使用权,不但可以获得土地转让的租金收入或土地入股取得土地收益分红,还可以进城务工获得比从事农业生产更高的工资性收入。因此,对农民来说,通过土地要素流转实行集中经营从而增加收入,也就是产生要素收入的规模效应。

总之,在土地要素平等交换的基础上,通过土地要素的流转机制,克服小规模散户农业的局限性,发展多种形式的农业经营模式,增强大农业在农业科技方面的引导作用,激活农村土地的资产属性和规模效应,优化土地与资本、企业家及其他生产要素的配置,拓宽社会资本投资农业的渠道,最终可以达到缩小城乡收入差距的目标。

(四) 土地要素平等交换的收入初次分配效应

对农民收入影响最直接的就是农民所拥有的生产要素的价格,农民拥有的生产要素价格形成农民收入就是收入的初次分配,农民最普遍拥有的生产要素主要是劳动和土地。在土地要素实行城乡二元体制下,土地不能在城乡之间自由地流动,更不用说平等地交换了,甚至土地也不能在农户之间自由地流转,随后产生的城乡二元户籍制度把农民长期禁锢在一小片土地之上,生产规模小,导致生产方式落后,农业产出无法得到有效提高,增加农民的收入也就成为了一句空话。特别是在农业税作为税收主体的时代,对农民来说从事农业生产活动就是一个鸡肋,一方面利用严格的户籍制度限制农民进城务工,另一方面对农村土地的用途即种植的作物做出计划安排,极大地抑制了劳动力的自由流动和土地要素用途的自由性,导致农村隐性失业人数的增加和农产品产出效率的低下,最终长期扩大了城乡居民收入差距。

土地要素平等交换除了之前分析的财产增值效应、社会福利效应和规模效应外,最直接的效果就是提高了农村土地要素和劳动力要素的价格,直接从初次分配阶段提高了农民收入。首先,在土地流转过程中,流转双方的收益都会增加,因为随着土地流转壁垒破除,土地逐渐向精于农业生产的种植大户手中集中,农业生产的规模效益也会慢慢显现,随着农业种植的机械化、精细化的耕作方式不断扩大,农业产出也不断提高,在完全竞争的要素市场中,土地要素的流入方和流出方会瓜分增加的农业产出,因此土地要素流入方的经营收入会不断增加,而土地要素流出方的土地转包收入会提高。其次,在土地流转以后,土地要素流出方因为土地要素使用权的释放,其劳动力也得到解放,通过在农村或者城市务工,流出方从事农业或非农业所得到的工资性收入会得到增加,进而提高了土地要素流出方劳动要素的收入水平。

土地要素的平等交换不仅影响土地要素本身,而且还会影响投入到土地要素中的劳动力、资本和企业家才能的要素产出水平,进而影响其从事农业生产的各种生产要素的价格水平,通过财产增值效应、社会福利效应、规模效应以及收入初次分配效应直接或间接地影响城乡收入差距,如图 4.11 所示。

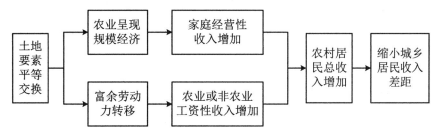

图 4.11　土地要素平等交换的收入初次分配效应

第五章 土地要素平等交换对缩小城乡收入差距的实证研究

　　农地流转是当今我国经济发展和城镇化进程中普遍存在的社会经济现象，也是现阶段城市增量土地的唯一来源（彭开丽等，2009）。诚然，土地要素交换使稀缺的土地资源在城乡间得到优化配置，但随之也带来城乡土地要素的不平等交换问题，成为当前城乡统筹发展的最大障碍。我国土地市场仍处于一种城乡分割状态，农村土地和城市土地不能实现"同权同利"。城市国有建设用地有正式的土地资源交易场所实行市场定价，而农村集体建设用地要想流转，就必须通过政府征收转为国有建设用地才能交易（杨雅婷，2011）。农村土地的非农化必须由各级政府先征收再出让，由此产生土地一级、二级市场上巨大的价格差，也成为地方政府和开发商分肥的聚宝盆（钱忠好等，2013）。农地非农化增值收益分配的理论和实证研究，迅速成为"三农"问题研究的新热点。

　　始于1978年的改革开放无疑是20世纪中国最重要的经济事件，中国经济也由此步入增长的快车道，1978~2014年超过9%的年均增长速度，创造了"中国式的增长奇迹"。虽然制度变革、人口红利和后发优势是学界对中国增长奇迹的主要理论解释，但毋庸置疑，"三农"在促进中国经济持续增长诸多因素中有重要的地位。农民、农村和农业对国民经济发展的作用依次表现为要素贡献、市场贡献和产品贡献（黄守宏，1994）。然而，尽管"三农"对中国经济增长的贡献居功至伟，新中国成立初期一度曾是工业化资本原始积累的重要源泉，但经济增长的"普照之光"并没有真正惠及到农民，城乡收入差距在农村实行家庭联产承包责任制改革后短暂缩小后持续扩大，目前我国已公认成为世界上城乡收入差距最大的国家（江一涛，2010）。城镇居民人均年收入与农村居民人均年收入绝对差距从1990年的829.9元，到1995年上升至2710.4元，2013年更是跃至20651.2元。城乡收入比从1990年的0.453到1995年降低至0.370，2010年降至0.281，近几年一直在低水平上徘徊。中国城乡居民收入差距持续扩大引起学界和社会各界有识之士的广泛关注。

　　本书前面章节已经完成土地要素平等交换对城乡收入差距影响的机理分

析和理论模型的构建,本章在此基础上做进一步实证分析,在有效解决土地平等交换度的科学测度问题后,建立多元回归模型,在有效分离经济发展程度等控制变量的影响后,着重考察土地市场化水平对被解释变量——以城乡收入比衡量的收入差距的影响大小、方向及显著性水平。

一、我国城乡收入差距的原因分析

(一)我国城乡收入差距的原因

导致改革开放后城乡收入差距持续扩大的原因是多方面的,首要的是旧的经济体制的原因。新中国成立以后,为迅速摆脱落后的经济局面,尽快建立国民经济体系,我国政府大力实施工业优先发展战略。由于西方社会对我国的经济封锁,加之和苏联的意识形态争论,我国工业化进程中急需的资本高度匮乏。在这种特殊的国内外环境下,为了积累工业化所需的资本,我国政府不得已采取以统购统销为核心、以城乡二元户籍为制度保障的"以工补农"政策。统购统销的实质是压低农产品价格、制造工农业产品剪刀差,将农业生产剩余吮吸到国民经济体系,为工业化提供稳定的资本源。二元户籍制度是城乡间不可逾越的沟堑,严格限制了包括劳动、资本和土地在内的所有要素的流动。正是新中国成立伊始的工业对农业剩余的无休止攫取,我国农业劳动生产率进步缓慢,严重制约了农民收入增长。一项颇有影响力的研究表明,仅在1979~2001年间通过工农业产品价格"剪刀差"从农业攫取的剩余就超过2万亿元(万朝林,2003)。

我国农地实行集体所有制,法律规定地方政府依法征收集体土地,在征收土地的过程中国家对失地农民和集体进行征地补偿,给予农民的补偿包括在土地原有使用用途不变的情况下被征土地年产值的若干倍数费用,外加安置补助费、地上附着物和青苗补偿费等费用。这种征地补偿完全套用西方资产价值理论,没有充分考虑到土地在中国现阶段仍承载着就业和社会保障功能,更没有考虑到土地征收转为城市建设用地后的土地增值分配问题(陈春节等,2013)。虽然近年来各省市国土资源部门纷纷出台征地补偿准备金办法,要求征地补偿金应包含从土地出让金等土地有偿使用收益中提取的被征地农民的社会保障费用,但征地补偿金远低于土地出让金的状况没有从根本上得到改变。国务院发展研究中心的一项调查显示,农民拿到的征地补偿款仅占土地增值收益的5%~10%。国土资源部发布最新数据,2013年全国各级政府土地出让金总额高达 4.1 万亿元，土地收入占据当年财政总收入 12 万亿元的 33% 左右。丰厚的土地出让金收益很容易让地方政府产生严重依赖性，渴望坐享其成，不努力发展实体经济，更谈不上转变经济增长方式了。同时土地财政不具有可持续性，地方政府会陷入"卖地—举债—再卖地"的恶性循环，不利于财政收入的平稳性，也加大了地方债的金融风险。

（二）我国城乡收入差距扩大的经济学解释

从经济学角度看根源在于城乡要素交换的不平等，包括劳动力要素、资本要素和土地要素，其中最重要的是土地要素的城乡不平等交换。学术界对城乡土地要素不平等交换的形成原因有诸多理论解释，归纳起来无外乎外生说和内生说。

外生说从经济体系运行所处的体制、法律等外部环境寻求城乡要素交换不平等的深层次原因，通常情况下微观经济主体对这些外生因素很难改变，只能被动接受或适应。依照西方经济学鼻祖亚当·斯密的分工理论，城市在知识和资本要素上有存量优势，而农村在劳动和土地要素上有禀赋优势。要素禀赋的差异是发展市场经济的前提，通过分工并交换，拥有不同禀赋的区域都能各得其所。改革开放前高度集权的计划经济，强调分工却否定市场，片面压低农产品价格制造工农业产品价格剪刀差，由此完成工业化的资本积累。改革开放后引入市场机制，强调市场在资源配置中的基础和决定性作用，但城乡要素交换受旧的经济体制残留影响依然存在，农村要素价格低于城市并没有从根本上改变，如农村集体建设用地和城市用地既不同权，又不同价，农村劳动力和城镇劳动力的同工不同酬等。1992 年后的市场化改革使得城乡统一的劳动力市场和资本市场逐渐建立，但比较而言，建立城乡统一的土地市场仍然任重道远。其原因是土地在我国不仅是一种生产要素，现阶段仍承载着重要的就业和社会保障功能。正是由于对盲目推行土地市场化改革后，给失地农民带来潜在风险的顾虑，决策层在农村土地市场化改革方面一直十分谨慎。城市土地的国有性质和农村土地的集体所有性质容不得丝毫改变，也在意识形态上成为捍卫社会主义公有制经济的最后阵地。农村土地的非农化必须由各级政府先征收再出让，由此产生土地一级、二级市场上巨大的价格差，也成为地方政府和开发商分肥的聚宝盆。1994 年的分税制改革后，地方政府事多财源窄，土地出让增值收益成为地方政府获得宝贵发展资金的重要渠道，强化了城乡间畸形的土地交换关系，土地市场化改革举步维艰。

内生说试图从"三农"经济和我国市场经济体系内部寻求城乡间收入差距扩大的经济原因，代表性理论有弹性理论、人力资本理论和"倒 U"形理论。弹性理论认为农产品需求缺乏价格弹性会导致"丰收悖论"，影响农民收入增长。

同时,农产品需求也缺乏收入弹性,国民收入增长中用于生活必需品的消费比重呈不断下降趋势。此外,农业生产中由于资本对劳动的替代弹性低,比较工业而言,农业技术进步缓慢也会影响劳动的边际产出。人力资本理论基于城乡劳动力因教育投资不同产生的异质性,城乡之间的人力资本差异会影响就业机会获得、就业选择能力和就业稳定性,大量理论和实证研究都证实人力资本变量在城乡收入差异模型中的显著正向解释力。人力资本理论一定程度上承认我国现阶段城乡收入差异现象的合理性,认为城乡收入差距扩大是忽略城乡人力资本差异的统计假象。"倒U"形理论是Kuznetz(1955)基于发达国家的历史数据,认为居民收入分配随经济发展程度将历经先扩大后逐渐缩小的"倒U"形过程。"倒U"形理论认为收入差距扩大是市场化进程中的阶段性现象,一定程度上是必然的(王小鲁,2006)。

二、城乡土地要素交换的福利效应模型

上述模型仅是粗糙地对土地非农化收益增值空间进行分解,尚不具备完整分析农村、城市各要素所有者在土地征收前后的福利变动状况。本部分应用福利经济学标准分析范式,建立城乡土地要素交换的福利效应模型,详尽分析土地征收前后农村、城市各要素所有者以及政府的收入分配和福利效应。建模思路直接受麦克杜格尔1960年国际资本流动的福利效应模型的启发,该模型认为资本在国际间自由流动后,资本的边际产出平均化,从而提高了资本在全世界范围内的配置效率,增进了世界产量以及东道国、母国的福利。基本假设如下:

(1) 考虑包括农村和城市两个生产部门,投入要素有劳动、资本和土地。分工上农村从事第一产业,城市从事第二、三产业。

(2) 全社会土地要素资源禀赋为 O_rO_u,初始分配上农村拥有 O_rO 的土地存量,城市拥有 O_uO 的土地存量,且 $O_rO \gg O_uO$。

(3) 要素的边际生产力递减规律在农村和城市生产中都适用。由于土地资源存量差异,农村初始土地要素的边际收益产出 MRP_r 低于城市土地要素的边际收益产出 MRP_u。

(4) 若市场完全竞争,资源流动不受任何阻碍,土地将在城乡间自由流动,直至边际收益产品在两个市场趋同为止。

(5) 农产品生产函数和建设用地生产函数都满足一阶齐次性。这也意味

着欧拉定理成立,产品价值被各要素所有者分配尽净。

遵循简单到复杂的分析原则,先考虑完全竞争的土地市场,然后依次引入政府在土地市场的垄断因素和土地资源的外部性等市场失灵因素。虽然完全竞争显然不适用当前我国城乡土地要素交换市场,但作为基本参照系,完全竞争自然是福利分析的逻辑起点。对每种情形,模型集中关注土地要素在城乡交换中的利益增进和各要素所有者的福利变动情况。

(一) 完全竞争情形

如图 5.1 所示,以横轴表示全社会拥有的土地存量 O_rO_u,左右两个纵轴分别是农产品生产中土地要素的边际产品收益 MRP_r 和建设用地的边际产品收益 MRP_u,以 MN 和 mn 表示。

在土地不能流动的条件下,农产品的边际收益率为 O_rA 时,农用地市场实现均衡,农村共投入全部农用地 O_rO。根据微积分学原理,农业产出总收益可用土地边际产品收益曲线在 O_rO 段的面积测算,为梯形面积 O_rMDO。其中 O_rADO 是土地要素所有者获得,根据欧拉定理,剩下的 AMD 由其他要素劳动、资本所有者获得。我国目前的农业生产实行联产承包责任制,在承包权和经营权没有分离时,农民既是农地的承包人,也是农业投资的出资人,所以农用生产收益的三个不同组成部分实际上都归农户所有。同样地,土地不能流动时,城市建设用地收益率等于 O_ua 时,城市投入全部建设用地 O_uO。建设用地生产总产值 O_umE_1O,其中 O_uaE_1O 部分由城市土地所有者即政府获得,剩下的 amE_1 部分由资本、劳动和其他城市合作要素所有者创造并获得。

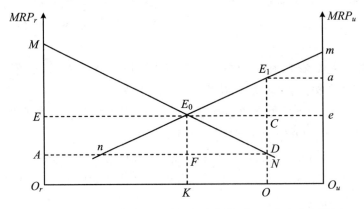

图 5.1 城乡土地要素交换的福利效应模型——完全竞争情形

现在允许土地要素在城乡可以自由流动。由于城市建设用地土地存量远低于农村土地,建设用地的边际报酬(O_ua)高于农用地的边际报酬(O_rA),将有

OK 量的土地从农村市场流向城市,一直到两个市场土地的边际收益率相等(KE_0)。与土地不能自由流动比较,农民除获得 O_rME_0K 的农产品收入,还有 KE_0CO 的土地要素收入,农民净增加 E_0CD 面积的社会福利;政府从流进的土地要素获得 KE_0E_1O 的收入,支付的要素价格为 KE_0CO,与土地不能流动比较,政府可获得 E_0E_1C 的福利增进,其他城市合作要素福利不变。整个地区从城乡土地要素交换中共得到 E_0E_1D 的福利增进,这是土地资源配置效率提升的结果,且土地要素边际收益产品曲线越陡峭,福利增进效果越好。从图 5.1 中可直观地看出,在完全竞争情形下,城乡土地要素交换的合作剩余在农民和政府间分摊,其份额取决于农用地、建设用地的边际收益产品弹性的相对大小。

(二) 引入政府对土地市场的垄断因素

完全竞争的土地要素交换市场在目前中国并不存在,首要是政府在土地交换市场的垄断性,可同时体现在土地征收和土地出让两个阶段。在第一个阶段即土地一级市场的征收阶段实施买方垄断,农户或农村集体经济组织不能直接和开发商商议土地转让事宜,政府才得以压低土地非农化的征收价格;在第二个阶段即土地二级市场的出让阶段实施卖方垄断,政府可以凭借卖方势力提高价格获得高额垄断利润,而无需担心竞争者的供给替代。现引入政府在土地征收市场的垄断因素对土地要素交换前后福利分配的影响。在一级土地市场上,政府充当着唯一的买方,因此市场对土地要素的需求曲线 MN 即为政府对要素的需求曲线。农民在土地要素交换中获得福利增进份额取决于政府买方势力的应用程度,极端地,在完全价格歧视下,政府根据土地边际产品收益(MN 曲线高)制定新增单位土地价格,而非均衡价格,此时全部卖方剩余 E_0CD 被政府剥夺。当然,完全价格歧视在现实中很难实施,农民尚能获得部分卖方剩余,受制于农民的讨价还价能力。

在土地二级市场上,政府是土地出让的唯一卖方,也会行使卖方垄断势力。如图 5.1 所示,农用地需求曲线 MN 和城市建设用地需求曲线 mn 都比较平坦,有较高的价格弹性。当考虑到政府是土地二级市场的唯一卖方行使垄断势力时,城市建设用地需求曲线 mn 将变得十分陡峭,降低价格弹性。

图 5.2 是考虑政府在土地二级市场卖方垄断因素后,城乡土地要素交换的福利效应模型。与完全竞争情形相比,城乡建设用地需求曲线 $m'n'$ 变得十分陡峭,缺乏价格弹性。政府从城乡土地要素交换中获得的收益也从 E_0E_1C 增加至 $E_0m'C$,多获得 $E_0m'E_1$ 的收益。显然这部分收益并非土地的自然增值收益,而是因土地市场价格扭曲政府获得的垄断收益。不难看出,垄断力量越强,曲线 $m'n'$ 越陡峭,$E_0m'E_1$ 面积越大,政府便能获得土地非农化增值收益的绝

多数份额。

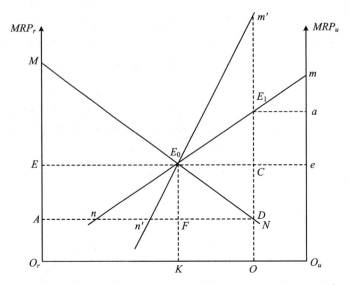

图 5.2 城乡土地要素交换的福利效应模型——引入政府卖方垄断

（三）引入土地资源的外部性

上述分析仅考虑土地资源的生产性功能，没有将土地在目前我国经济社会中仍承担着的社会保障、就业等重要的正外部性社会职能纳入模型分析。一旦考虑到土地资源的正外部性，农业用地的边际产品价值将会增加，社会（而不是农户）对土地的需求曲线变成 $M'N'$。如图 5.3 所示，考虑到土地资源的正外部性因素后，城乡土地要素交换前后农民获得的利益增进从 E_0CD 减至 E_0CD'。显然，如果考虑到土地资源在农村仍承担的社会保障职能，农民从城乡土地要素交换中获得的增值收益比重还会继续下降。

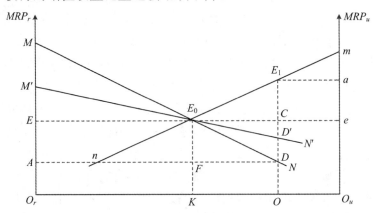

图 5.3 城乡土地要素交换的福利效应模型——引入土地资源的外部性

三、土地要素平等交换对缩小城乡收入差距的影响——基于省际面板数据的计量检验

为精确考察土地要素平等交换对缩小城乡收入差距的影响,本章引入土地市场化水平作为土地要素平等交换度的替代指标,通过建立基于省际面板数据的计量模型,在有效分离经济发展水平、人力资本和财政转移支付强度等控制变量后,重点关注土地要素平等交换对缩小城乡收入差距的影响。出于检验数据的可获得性考虑,研究选取面板模型而非普通时间序列或截面模型。

(一) 变量选取及数据源

遵循国内多数类似研究,被解释变量城乡收入差距选取城镇居民人均收入与农村居民人均纯收入的比值来测度。虽然测度城乡收入差距可以用基尼系数、洛伦兹曲线和泰尔指数等不同方法,城乡人均收入比数据获取更为方便、可靠,故研究采用城乡人均收入比作为被解释变量衡量城乡收入差距。

土地要素平等交换度是研究最为关注的解释变量,其指标选取的优劣直接关系到模型结论的可靠性。遗憾的是,现有文献中尚没有使用土地公平交换度作为变量进行计量研究的先例,因此在土地要素平等交换度指标选择上并无先例可循。前面理论分析部分已经形成了一个基本结论,城乡土地要素不平等交换已成为城乡收入差距不断扩大的重要诱因,而土地要素不平等交换的根源在于政府在土地市场上的垄断地位,农民表达自己利益的机制受阻。受此启发,本书采用土地交换的市场化水平作为土地要素交换平等度的替代指标。一般说来,市场化程度越高,政府的行政干预力量在土地要素价格形成中的作用越弱,农民表达自己意愿和利益的机制越顺畅,相应的要素价格形成越公平。因此,土地市场化水平和土地要素平等交换度呈正向变化。

在测度土地市场化水平时,借鉴钱忠好(2013)的做法,综合考虑农地非农化过程中一级市场和二级市场的影响,并采取加权平均计算各省市土地市场化综合水平。具体计算公式为式(5.1),其中 LM_1 和 w_1 分别是一级土地市场市场化水平及其所占权重,LM_2 和 w_2 分别是二级土地市场市场化水平及其所占权重。

$$LM = w_1 LM_1 + w_2 LM_2 \tag{5.1}$$

控制变量经济发展水平选用人均 GDP 指标。Kuznets(1955)基于发达国家时间序列数据,经验上得到国民收入分配随着经济的发展将历经先增后降的

过程,这便是著名的收入分配与经济增长关系的 Kuznets "倒 U"形假说。虽然收入分配"倒 U"形假说在以发达国家为样本的研究中得到证实,但却很少得到发展中国家经验上的支持。改革开放以后,我国经济持续高速增长,随之而来的是城乡收入分配差距扩大,正经历着"倒 U"形曲线的上升段。对收入分配"倒 U"形假说是否适用于我国,多年来理论界并没有形成一致性结论。对此,本书不做评判,但无论如何,以人均 GDP 作为控制变量分离出对城乡收入差距的影响,既可行,又有必要。为了体现经济发展水平对收入分配的非连续性影响,需在回归模型中添设人均 GDP 的平方项。

控制变量人力资本存量在解释城乡收入分配差距时有着十分重要的地位,大量实证研究都证实人力资本差异对城乡收入差距有很强的解释作用。人力资本与劳动者先天的智力和体力相关,更受后天的教育以及"干中学"积累的经验影响。受历史、观念的影响,我国城镇居民平均受教育程度高于农村居民是不争的事实,从这一意义上讲,适度的城乡收入差距有着体现人力资本差异的合理性。城乡之间业已存在人力资本差异,从就业机会获得、选择能力和就业稳定性等方面影响城乡收入分配。实证研究中,人力资本可用平均受教育年限、中小学入学率、大学入学率等指标来测度,本书采用城乡大学毛入学率比作为人力资本差异的衡量指标。

控制变量财政转移支付选用财政支农支出占总财政支出的比重为衡量指标。财政转移支付通过再分配手段,能起到直接缩小城乡收入差距的作用。党的十八届三中全会指出,要加快构建新型农业经营体系,赋予农民更多财产权益,推进城乡要素平等交换和公共资源均衡配置。近十年来,"三农"支出占国家财政比重逐年上升,"三农"支出占财政的比重比城镇还要高,客观地讲,城乡公共资源均衡配置目前在我国已基本实现。财政转移支付指标包括支援农村生产支出、农业综合开发支出、农林水利等部门事业费、社会福利性支出和政策性补贴等。

数据选取 2010~2013 年 31 个省、市、自治区的面板数据,主要数据来源于各年份中国统计年鉴,共 124 个数据,满足模型参数估计稳健性要求。

(二) 计量模型设计和研究假设

研究利用 2010~2013 年我国 31 个省、市、自治区的面板数据,建立固定效应模型,在有效分离控制变量经济发展水平 GDP、人力资本 HR、财政转移支付 TR 的影响后,重点考察土地要素平等交换(用替代变量土地市场化水平 LM 测度)对被解释变量城乡收入比 IR 的解释能力,完整的回归模型设定如下:

$$IR_{it} = c_0 + c_1 LM_{it} + c_2 LM_{it}^2 + c_3 GDP_{it} + c_4 GDP_{it}^2 + c_5 HR_{it} + c_6 TR_{it} + \varepsilon_i + u_{it}$$

(5.2)

式中，i 表示省份，t 表示年份，ε_i 和 u_{it} 分别代表个体效应和随机误差。添加土地市场化水平 LM 和经济发展水平 GDP 的平方项，用以考察二者对城乡收入差距可能存在的非线性影响。根据前面的分析，提出以下研究假设：

假设1：土地要素交换的市场化削弱政府对土地市场的垄断地位，农民分享更多的土地非农化的增值收益。因此，土地市场化水平越高，城乡收入差距越小。

假设2：随着经济发展水平上升，城乡收入分配差距先上升后下降，Kuznets 收入分配"倒 U"形假说成立。

假设3：居民平均受教育年限越长，预期收入越高。人力资本对城乡收入差距有显著的正向解释力。

假设4：对农村财政转移支付力度越强，越能够缩小城乡收入差距。

（三）模型回归结果

利用 2010～2013 年全国 31 个省、市、自治区的数据，运用 Eviews7.0 软件对模型进行回归分析，具体采用固定效应面板模型，模型主要估计结果在表5.1中列出。

表5.1 面板模型回归主要估计结果

变量名	模型1	模型2	模型3	模型4
C	9.47 (1.378)	9.44 (1.505)	9.39 (1.472)	10.5 (1.242)
LM	−0.029 (−3.136)***	−0.027 (−3.543)***	−0.028 (−3.034)***	−0.027 (−3.791)***
LM^2		$-6.1E-3$ (0.967)		$-6.3E-3$ (0.744)
GDP	0.041 (1.501)	0.051 (1.845)*	0.050 (2.170)**	0.049 (1.938)*
GDP^2			$-8.97E-4$ (−1.243)	$-9.14E-4$ (−1.174)
HR	2.981 (3.091)***	2.563 (3.091)***	2.784 (3.526)***	2.466 (3.172)***
TR	−0.808 (−1.934)**	−0.696 (−1.987)**	−0.723 (−2.117)**	−0.748 (−2.033)**
$AdjR^2$	0.947	0.951	0.952	0.943
F 值	96.71	97.94	98.43	113.4

注：*、**、*** 分别代表变量通过 10%、5%、1% 的显著性水平。

模型 1 仅包含解释变量的一次项,模型 2、模型 3 依次添加土地市场化水平和经济发展水平的平方项,模型 4 同时增加二者。比较模型 1 和模型 2 回归结果的调整可决系数 $AdjR^2$ 和 F 值,添加土地市场化水平平方项后,模型拟合度和总体的显著性水平都得到了提升,故考察土地市场化水平对城乡收入差距的影响,模型 2 比模型 1 更适合。类似地,比较模型 1 和模型 3 回归结果的调整可决系数 $AdjR^2$ 和 F 值,同样可得考察经济发展程度对城乡收入差距的影响,模型 3 更适合。模型 4 同时添加土地市场化水平和经济发展水平的平方项后,尽管整体显著性水平 F 值上升,但调整后的可决系数 $AdjR^2$ 下降,模型整体解释能力反而下降,故模型 4 并不是最理想的回归模型。概言之,模型 2 和模型 3 分别是独立考察土地市场化水平和经济发展程度对城乡收入差距影响的较理想模型。

土地市场化水平对缩小城乡收入差距的作用在全部回归模型中都得到反映,体现在回归系数为负值,且都通过 1% 的高显著性水平,假说 1 得到经验上的支持。土地市场化水平越高,政府对土地征收的垄断力量越弱,农民就能分享更多土地非农化除自然增值以外的增值收益,土地要素交换公平度便越高。中国人民大学农业与农村发展学院院长温铁军教授认为,城乡要素交换的劳动力、资金早已市场化,推进我国城乡要素平等交换的最大障碍是土地问题,解决土地问题需要做到同权同利,让农民得到应有的土地增值收益。注意到模型 2 和模型 4 添加的土地市场化水平平方项系数为正,说明市场化水平对缩小城乡收入差距的影响并非是线性的。土地市场化水平对缩小城乡收入差距呈"U"形影响,这个研究结果对农地直接入市、以土地私有化推进市场化敲响警钟。

模型 2 和模型 3 回归结果中的解释变量 GDP 系数为正,也通过了至少 10% 的显著性水平,说明现阶段我国经济发展水平上升,总体上仍是推动城乡收入差距扩大的力量,处在 Kuznets 收入分配"倒 U"形的上升段。模型 3 和模型 4 添加经济发展水平平方项后,回归系数符号符合"倒 U"形的负号要求,但 t 检验值很低。因此,本书并没有从经验上证实研究假设 2,经济发展水平和收入分配呈"倒 U"形变动,不符合我国经济发展实际。

假设 3 和假设 4 都能从模型回归结果中得到验证。在全部回归模型中,人力资本变量对城乡收入差距有显著、稳定的正向解释力。城乡居民大学毛入学率比越高,人力资本差异越大,城乡收入差距也越大。财政转移支付对缩小城乡收入差距也产生重要影响,全部回归模型转移支付变量系数为负,且都通过 5% 的显著性水平,说明推动公共资源均衡配置对缩小城乡收入差距的重要性。

四、简单结论和政策启示

诺贝尔经济学奖得主阿玛蒂亚森认为,贫困的根源并不是资本存量的多寡,而在于当事人"可行能力"的剥夺。可行能力作为一种存进发展的必要手段,一旦被剥夺会使主体丧失保障自己权益的能力,进而陷入贫困。土地之所以在中国城乡收入分配中扮演着重要角色,是因为当前政府主导型的城乡土地要素交换影响土地资源不同的配置方式和农民的"可能行为",进而对城乡收入分配产生重要影响。城乡收入差距源于城乡要素交换不平等,而市场化改革四十多年,劳动力和资金早已市场化,故土地要素交换的不平等成为缩小城乡收入差距的最大障碍。

过去对土地要素平等交换对缩小城乡收入差距的研究集中在理论层面,零星的实证研究多为土地征收增至收益的分配,缺乏系统的土地要素平等交换度对城乡收入差距的计量模型研究,主要原因是对核心解释变量土地要素平等交换度缺乏合适的测度指标。理论层面上,对二元土地制度下土地非农化增值收益空间进行分解,并依次考虑到垄断、外部性等因素的影响,从而对城乡要素不平等交换中农民利益受损程度和收入差距提供一种理论解释。进一步建立城乡土地要素交换的福利效应模型,直观比较完全竞争、垄断和外部性不同情形下农民的福利变动。基本结论是现阶段政府获得的土地增值收益不仅包括其应得的自然增值收益,还包括因垄断、外部性等市场失灵因素导致的价格扭曲增值收益。土地价格扭曲越大,政府获得的增值收益比重就越高。实践中很难精确分离出土地增值中的自然增值和价格扭曲部分,两者夹杂在一起。正因为技术上的不可分割性,政府得以在"涨价归公"的幌子下,利用法律赋予的征地垄断权力侵蚀农民利益,攫取土地非农化过程中绝大多数增值收益,使土地要素不平等交换成为城乡收入差距扩大的重要原因。

实证层面上,使用土地市场化水平作为土地要素平等交换度的替代指标,引入经济发展水平、人力资本和财政转移支付等控制变量,应用2010~2013年31个省、市、自治区的数据建立面板分析模型。实证研究发现,土地市场化水平对缩小城乡收入差距产生非线性的"U"形影响,现阶段土地市场化水平的提高对缩小城乡收入差距产生积极影响。市场化改革解决了过去工农业产品价格剪刀差的问题,城乡要素配置剪刀差的问题却又出现了。现阶段我国城乡发展不平衡,城乡收入差距扩大,很大程度上是城乡土地资源要素交换不平等造成的,城乡要素平等交换已成为统筹城乡发展的核心问题。

目前我国城乡土地市场仍处在一种分割状态,农村和城市土地并不能实现"同权同价"。它表现在城市国有建设用地有正式、相对规范的土地转让交易市场,基本能实现市场定价,但农村集体建设用地的流转,首先要政府征收转为国有建设用地后方能出让。在城市地价节节攀升的背景下,城乡二元的土地价格剪刀差的制度安排必然遭到农民群体的强烈抵制,由征地引发的矛盾日益凸显,成为新时期城乡收入差距扩大的最大诱因。为全面建设小康社会,实现城乡统筹发展,缩小城乡收入差距,早在党的十七届三中全会上中央就提出要逐步建立城乡统一的建设用地市场,并在党的十八届三中全会上得以强调,体现中央决策层对土地问题的关注和对农民财产权利的尊重。城乡统一的建设用地市场,可彻底消除现行土地市场的二元体制和价格剪刀差,有效保障农民的土地财产权利,提升农民在城镇化进程中的话语权,也有利于反映市场供求关系和资源稀缺程度的土地价格体系的形成。

但是建立城乡统一的建设用地市场并非简单的农地直接入市。土地在我国仍承担着重要的社会保障功能,农村房屋建设仍要坚持自有自用的原则,而不是放开让城里人去农村买房。这就相当于将前后门同时打开,前门批准农村建设用地,后门又流转出去,那么建设用地的总规模怎么控制?18亿亩耕地红线怎么守护?城乡统一用地市场的建立是一项系统工程,不会也不应该是一蹴而就的,首要任务是要调整土地出让收益分配关系,按照"取之于地,用之于地"的原则,进一步完善土地征收农民的补偿标准,提高农民在土地出让增值收益中的分配比例,建立农村集体建设用地利益分配机制。同时,要尽快完善相关法律法规,强化顶层设计,扫除建立城乡统一建设用地市场的制度障碍。要强化土地用途管制,集体建设用地入市必须符合土地利用总体规划,规范运行,杜绝农地流转过程中的"非农化"和"非粮化"现象,不符合程序规范的集体建设用地不能入市交易。同时,集体建设用地的增值,并不都是农民投资产生的,它与社会投资密不可分,所以在保证原土地所有者权益的前提下,政府还应通过税收方式进行合理调节。

第六章　发达国家土地要素交换对缩小
　　　　城乡收入差距的经验及启示

美国、日本农业现代化程度高,他们曾经面对或正在面对土地流转问题,具有比较成熟的土地流转的制度和政策,可以为我国农村土地流转提供经验和借鉴。

美国土地要素交换市场成熟,主要有出售国有土地和市场自由交易两种方式。美国土地要素交换的基本特点是产权界限清晰、市场自由度高、适度规模经营、土地金融服务和法律制度明确。从美国的土地要素交换经验来看,土地所有权、土地交易制度和利益平衡制度等方面都值得学习。

日本土地要素交换大体上经历了四个阶段,实行耕者有其田时期、形成农户自主经营阶段、倡导土地使用权流转阶段和促进农地向适合的生产单位集中的阶段。日本土地要素交换的基本特点是成立土地流转中介机构、严格控制土地流转方向、谨慎对待法人参与农地流转、制定配套的辅助政策、促进农业规模经营和政策的阶段性特征很明显。从日本的土地要素交换经验来看,在制定适宜的农地政策、以土地经营权流转为主、促进农业组织形成规模、让农业发展有法可依、农业现代化要兼顾社会保障功能、要从制度上严格保护农地和不断加强农民自身素质的培养等方面均值得借鉴。

一、美　　国

(一) 美国土地要素交换的基本情况

美国幅员辽阔,土地资源丰富,美国政府采取种种手段限制农地向非农地转化,全力保护土地所有者的权益。为使公路、街道、公共事业设施和其他公共设施所需要的土地得到保障,美国政府有权利对公民私有土地进行征收,但美国法律规定,政府实施土地征收必须符合三个基本条件:正当法律程序、公平补偿和公共使用目的。

1. 美国土地流转发展阶段

(1) 形成阶段

美国自 1776 年建国以后,先后颁布实施了多项法令,《西北法令》奠定了西北地方建立政府和建州加入联邦的基础,成为西北诸法令中最重要的一部。此后,1796 年的土地法令、1800 年的《哈里森土地法》、1807 年的《禁止私自占地法》、1841 年的《先买权法》、1854 年的《等级法案》等相继颁布。美国通过系列法律为农地科学流转奠定了良好的基础。

(2) 发展阶段

1850 年,美国开始实施无偿分配的土地流转制度,1862 年颁布的《宅地法》影响最为深远。《宅地法》规定,任何家庭的户主或年龄超过 21 岁的美国公民,只要没有实施过武力反政府行为,交纳 10 美元登记费,就可以在西部无偿获得一定面积的土地,持续耕种 5 年就可获得土地的合法所有权。通过《宅地法》的实施,大约有 200 万农民获得了土地,开启了美国西部土地大流转时代。《宅地法》的颁布也打破了美国户籍制度和教区制度的障碍,满足了人民对土地的渴望,促进了劳动力大规模跨区域流动,确定了土地的私有权,也为进一步完善农村土地流转市场创造了条件。19 世纪中后期,美国相继颁布了 1873 年的《植树法》、1877 年的《荒芜土地法》和 1878 年的《石材法》等。1909 年和 1912 年,美国相继出台了《扩大宅地法》和《三年宅地法》,规定移民 1 年中居住满 6 个月或持续居住 3 年,即可无偿获得土地使用权,确立了移民对土地的所有权。至此,美国初步确立了农地私有制,确立了市场自由流转的机制。

(3) 成熟阶段

从 20 世纪 30 年代开始,美国进入了农地快速开发的阶段,一方面快速推动了农业的大发展,但另一方面大量土地被无序开发,美国政府开始重视土地资源的保护和合理开发。1981 年,《农用土地保护法》出台,严格限制将农用土地转为非农用地;1996 年,《联邦农业发展与改革法》实施,制定了保护备用地计划,规定"符合条件的耕地可以作为保护地,享受政府备用地计划补贴";2000 年,《农业风险保护法》实施,进一步限制了农用地的非农化使用。经过近一个世纪的发展,美国农地流转机制逐步确立为以市场调节为主,以政府调控为辅。

2. 美国土地流转形式

20 世纪初,美国确定了以家庭农场制为主的土地制度,其农地所有权主要包括三种类型:第一类农场拥有完全的土地所有权,这种形式的农场数目较多,但面积不大;第二类农场拥有部分的土地所有权,这种形式的农场面积比较大,数量也最多;第三类农场没有土地所有权,这种形式的农场数量相对较少。

美国土地流转主要有两种方式:一是出售国有土地,政府通过出台法律如《土地先购权法》《宅地法》等,鼓励拓荒和土地的开发;二是市场自由交易,居民或政府如果要使用非自有土地,都需要通过市场交易来实现。市场交易实现流转的主要方式是出租,地租主要有固定地租和分成地租两种形式,买卖或出租的价格由交易双方协议确定。

美国通过土地流转,扩大了农场规模,加快了生产要素的优化组合,促进了先进科技与管理知识的运用。在土地流转过程中,一般不涉及土地所有权的改变,通常都是土地使用权和经营权的有偿转让。美国的中介组织在农村土地流转中发挥了重要的作用,"土地信托"是农村土地流转的一种重要形式。美国的农业合作社数量多,约4.7万个,功能健全,作用突出,成为农村土地流转的重要中介组织,农场主可以通过委托农业合作社或者有资质的中介公司来出售或出租自己的土地。

(二) 美国土地要素交换的基本特点

1. 产权界限清晰

美国的土地所有者拥有土地收益、分配和处置等权利,土地收益必须交纳土地税、农产品销售所得税及房产税等,剩余部分都归土地所有者所有。美国各级政府只对土地保留征收权、土地管理规划权和征收土地税权,并且这些权利受到严格限制。美国国有农用土地的所有权掌握在国家手中,但其经营权、使用权和处置权大部分由私人农场主掌握。土地产权清晰培育了完善的土地交易制度,私有土地的侵权及土地合同纠纷现象等很少见。

2. 市场自由度高

美国清晰的土地产权制度充分强化了土地的市场功能,快速推进了土地流转。美国的土地流转是在完全市场经济环境中发展起来的,土地流转必须依法进行并履行法律规定的义务。美国土地流转管理主要是通过其发达的市场经济交易秩序和原则来进行维持的。美国农场主可以根据市场价格自由地买卖和出租自己的土地,即使是政府需要使用土地也需要通过契约的方式获取。美国家庭农场具有丰厚的收益回报,也吸引了一部分人愿意去购买或者租用土地,从事农业生产。

3. 适度规模经营

美国政府对农用土地的使用给予政策支持和合理的管控。在现代农地经营中,要取得好的经济效益,必须要有一个适度的规模。随着经济发展、农业技术进步和城镇化所带来的农村劳动力转入非农产业等因素的推动,扩大土地经营规模在美国土地流转中势在必行。为了鼓励和引导家庭农场规模的适度扩大，美国政府运用了信贷支持、价格补贴、利息调节、政策引导等经济和法制手段。

4. 土地金融服务

20世纪初，美国市场调节机制失灵，爆发大规模农业危机，政府开始通过农业信贷体系积极干预农业生产。1862年，《宅地法》的颁布使得家庭承包经营成为常态，资本主义的大农业发展模式逐步形成。资本主义大农业的发展需要依托大规模的资金和先进的科技作为支撑。1916年，美国通过了《联邦农业贷款法》，为小型农场主提供低息贷款，并扩大最高贷款限额，解决了小农场主融资难、融资贵的问题，实现了农场快速机械化。美国联邦土地银行是政府农业信贷体系的重要组成部分，土地银行通过中介组织为家庭农场提供贷款。一般来说，当农场主需要向土地银行贷款时，首先要向合作社提交申请，说明贷款金额、资金用途、利率、还款期限、方式、抵押品并提供抵押品所有权证明等。合作社审核确认后，再对抵押品进行估值，判定贷款的风险和额度，待确定贷款可行后，合作社才将申请书和所有权证明提交给当地联邦土地银行，银行会对该项贷款进行二次确认，审核确认无误后，款项会先贷给合作社，再由合作社贷给农场主。

5. 法律制度明确

在美国，无论是土地产权的界定、土地市场化交易、土地规模保护、土地金融服务支持还是政府监管都以法律形式固定下来，农场主对自己的权利和义务都可预期。1933年，受到经济危机的影响，美国颁布了《农业调整法》，旨在解决农业生产过剩、保护农产品价格和增加农场主收入问题。此后，美国农业基本法基本上每5年修订1次，在实践中不断完善农业法律体系。美国还颁布了一系列农业配套法律，《宅地法》《荒地法》《新地开垦法》和《联邦土地管理法》等法案促进了农用地资源的开发和利用，《农业贷款法》《农场贷款法》和《农作物贷款法》等法案保障了农业生产贷款，《食品农业资源及贸易法》《农产品销售协议法》《农业贸易发展和援助法》等法案为农产品价格保护和流通提供了支持。美国农业配套法律与农业基本法成为美国农业稳定发展的重要保障，促进了美国农业的快速发展。

（三）美国土地要素交换的启示

1. 土地所有权方面

（1）尊重并保护农民的合法土地权利

从美国农地流转的发展历程来看，有三个"相结合"：一是将保护农用土地与推进现代化建设相结合,二是将保护农民土地权利与发展规模化经营相结合,三是将保留以家庭为单位的土地经营方式与建设现代农业相结合。我国农村土地的改革,也必须建立在保护农民合法权益的基础之上,要毫不动摇地长期坚持农村家庭联产承包责任制的基本经营制度,切实尊重和保护农民承包土地的各项权利,促进农业经营方式的转变,实现农业现代化;不能随意调整改变农村的现行土地承包关系,不能影响甚至侵害农民的合法权益。

(2)加强并完善土地承包经营权流转管理

从美国农用地的产权交易管理制度与经验来看,小农经济、分散经营不利于农业现代化建设,推动农业适度规模经营是大势所趋。我国应当通过科学引导土地流转促进土地适度集中经营,实现农业现代化,同时也要合理解决土地流转带来的新问题和新矛盾。

2. 土地交易制度方面

(1)加强土地金融服务

土地金融业务的关键是土地抵押,农村土地金融业务的构建,可以成为土地流转的中介,一方面有利于土地产权的流动和流转,另一方面有利于为现代农业发展提供资金支持,最终提高土地资源配置的效率。

(2)促进土地流转市场化

从美国的经验来看,以市场为导向的机制有利于促进土地要素资源配置的效率。建立市场机制,要避免土地在流转过程中主体缺失、损害农民利益等问题。市场作为合理配置资源的有效手段同样适用于土地流转,市场机制有利于打通土地流转的各环节,使各行为主体都能获得合理的回报。

(3)消除对土地流转认识上的误区

土地流转的利益主体是农民,任何人不得以任何形式侵害农民的权益。一方面,基层组织应当增强法制观念和政策观念,明确承包地流转的决策权属于农民。另一方面,要增强农民的法律意识,引导农民运用法律手段来维护自身的合法权益,要加大土地流转增收致富的宣传力度,增强农民的流转信心,减少误解和纠纷。

3. 利益平衡制度方面

(1)积极探索合适的农业保护体系

随着我国宏观经济政策的调整,已经建立了"工业反哺农业"的意识。首先,应当通过"黄箱"政策,加大特定产品的补贴力度,将某些非特定产品的支持转入特定农产品的支持中,让出非特定农产品的补贴空间。其次,应当通过"绿箱"政策,加大对农业和农村地区基础设施和公共服务的投入,改善农民的生产生活条件。一方面加强农村和农业基础设施的建设,改善教育、医疗和养老等农村基础公共服务条件；另一方面重视农业科技的推广，改善农民的生活条件，增加农民收入，弱化城乡二元结构。最后，加大对农民的直接支付。间接补贴往往在中间环节被截留，农民真正得到的实惠非常小，相比较而言，直接补贴直接发给农民，不会流失，对促进农民增收效果明显。

（2）建立农业保险补贴制度

农业是国家的基础性产业，但同时也是弱势产业，农业的发展受到自然风险和市场风险的双重威胁，需要政府从各方面予以扶持。我国农业保险制度的发展还不够健全，可以效仿美国和其他西方发达国家进一步完善，逐步建立农业保险补贴制度，成立政策性的农业保险机构，并对农业保险业务给予财政补贴，从而保障农民的稳定收入。

（3）积极引导农业合作社的发展

我国实施家庭联产承包责任制，单个农户作业力量薄弱，难以及时掌握准确的信息，难以实现与大市场的有效对接，难以抵御自然和市场的双重风险，经常导致农户增产不增收。农业合作社具有信息、技术和资金等方面的优势，可以"聚沙成塔，集腋成裘"，有利于提高农民抵御风险的能力，更快地实现农业现代化。因此，我们应该提高农民组织化程度，积极引导、支持农业经济合作组织的发展，推动农业适度规模化经营，制定有利于土地流转和适度规模经营的政策方针和资金支持措施。

（4）充分保障土地流转出租方的权益

从美国经验来看，土地出租方的权益问题是所有土地流转问题的关键，要想充分解决土地流转过程中出现的人地矛盾关系问题，首先要能充分保障土地出租方的合法权益。美国政府以契约的形式与家庭农场主签订协议，充分保障土地所有者的权益。我国土地流转的主要障碍来自于土地出租方的担忧，土地出租方害怕失地，担忧不能获得合理的收益，因此不愿流转。而很多地区土地流转租赁方往往并没有真正实现农业现代化，投资回报率有限，不愿意以更高的价格租赁农民土地。这就要求政府干预，推动农业现代化，让土地流转租赁方的收益得到保障，进而保障土地流转出租方的合法权益。

二、日　本

日本人多地少，人均耕地面积约为 0.035 公顷，是世界人口密度最大的国家之一。日本农业与我国有很多地方比较相似，深入研究日本的土地改革情况对我国农村土地流转有一定的借鉴和指导意义。

(一) 日本土地要素交换的基本情况

二战后，经过一段时期的修复，日本经济高速发展，工业化、城市化速度加快，与此同时，日本农业快速发展。这个时期，日本农业发展很大程度上离不开其土地制度改革。日本土地制度改革主要以推动土地流转、促进农业规模经营为核心，大致可分为四个阶段。

1. 实行耕者有其田时期

1946~1960年，日本明确了实行自耕农的制度体系，目标是要让"耕者有其田"，使农地所有权和使用权合并，农地由小规模家庭占有和经营。日本明治维新时期开始步入资本主义发展阶段，但当时的许多土地是由社会权贵和地主阶级占有的，而占人口大多数的农民却没有足够的土地维持生计，不得已他们只有交纳很高的地租去租种地主的土地，这不但激化了社会矛盾，也不利于农业经济的持续发展。1945年，日本宣布战败，此时的日本还处于盟军的占领状态，因此第一部土地改革的法律——《关于农用土地改革的备忘录》就是由盟军主导完成的，这成为日本农村土地革命的开端。但是《改订农用土地调整法》的推出颁行依然没有根除封建主义的农业制度，还是以维护大地主的阶级利益为主要目的，所以第一次农业土地改革最后以失败告终也就不足为奇了。

1946年9月，日本又颁布施行了《农用土地调整法改正法律案》和《自耕农创设特别措施法》两部法律。这两部法律明确了日本农业土地改革的总体方针，对大地主占有私人土地面积做出了明确的限制，对地主无论以何种方式违规霸占土地都视为违法行为，并且将没收上来的土地以多种方式分给了没有土地的佃农们，使得土地真正回到种地人手中，同时还明确了土地买卖的主体，首次认可国家可以作为土地交易的主体。另外，法案对地租的最高上限也有严格的限定，一旦地主收取的地租过高，超过了最高上限的法律规定，佃农少交地租可以得到法院的支持。这些法律的推行效果显著，截至1950年底，自耕农明显增加，增加了近200万户，农用土地总面积中归自耕农占有的比例大幅度提高到90%，极大地打击了封建大地主的嚣张气焰，从政策方面有力地扶持了佃农和自耕农，日本的农用土地实现成功流转，为发展日本农业产业资本主义奠定了很好的基础。

1952年，日本颁布《农地法》，该法案内容涵盖了农用土地所有权的归属问题、交易的程序和转让的条件等很多方面，还在保护耕地、不能改变耕地属性、土地买卖、所有权变更和土地有偿租赁等方面做出了明确的规定，第一次从法律层面确立了农民对土地的所有权,真正实现了耕者有其田。《农地法》后经过多次修订,对日本农用土地制度的建立和改良起到了奠基石的作用,一定程度上保护了农民的土地所有权,同时也对农用土地的改良起到了倡导和推动的作用,实现了日本农业的快速、可持续发展。

2. 形成农户自主经营阶段

1961~1969 年,日本对土地所有权流转的限制全面放宽,培育了"自立经营农户"。1961 年,日本出台了《农业基本法》,该法案提出的主要目的是加快农业的发展,使农业的发展能够更上一个台阶,使得日本经济的各大产业发展能与农业的发展同步,提高农民的收入水平,缓和社会矛盾,该法案同时提出了更好地培育"自立经营农户"的指导方针。为了达到这个目的,日本于 1962 年重新修订了《农地法》,对农业用地的政策也做出了相应的调整。首先,调整后的《农地法》对农户拥有土地面积的限制有了很大的松动;其次,法案中创新式地设立了农业企业法人制度,农民依法可以组成各种形式的农业生产企业,并允许这些企业(或其他形式的组织)购买和租赁农地;最后,法案中提出了"土地信托制度",在法律上准许农民协会在获得农地委托书以后,能够向愿意从事农业生产的人出租土地,发挥农民协会在农业生产中的中介作用。除了这些农业用地政策以外,政府还制定了许多与之配套的政策,比如鼓励有实力的大农户购买中小农户的散地,为此日本政府要求银行等金融机构发放专项贷款,但是这些政策的出台却没有达到预想的效果,可能是思想意识的问题,总之大量土地普遍转让的现象并没有在农民中出现,而"自立经营农户"的发展也不好,离制定政策时的评估目标也有相当大的差距,现实中的兼业化经营依然很普遍。

3. 倡导土地使用权流转阶段

1970~1985 年,日本想提高利用农地的效率,主要是通过鼓励农用土地流转(主要是使用权流转)的办法。20 世纪 70 年代初,日本政府认识到,让农户之间土地所有权相互转让来提高农地经营规模难度非常大,通过转换思路,在不改变土地使用权的基础上,只是进行使用权流转,使得小块土地能够整合成大块土地,以提高农地的经营规模。此后日本政府的政策方向有了变化,不像以前要求农民占有农地,而是让农户不改变原有土地分散占有的现状,只是要求必须要集中经营,并且为此辅之以很多的规定和法规,提倡生产协作、对农田租赁不再诸多限制,还采用作业委托等多种形式大力发展农业生产,体现这种思想的法律法规及措施主要包括:① 1970 年创设的农村人口养老金制度;② 1975 年修改的《农振法》;③ 1970 年修改的《农地法》;④ 农地金融组织于 1985 年设置的"扩大经营规模资金";⑤ 1980 年制定的《增进农用地利用法》等。通过多方努力,日本农地的流转比例有了很大的提高,由 1970 年的 7.6%

上升到1985年的20.5%,大量的农地得以出租,农业发展势头一派大好。

4. 促进农地向适合的生产单位集中的阶段

从1986年到今天,日本一直鼓励农地向"适合的生产单位"集中,使得农业竞争力大幅度提高。20世纪80年代中期,随着日本经济日益市场化,日本农业的国际竞争力问题也日益提上议事日程,面对来自国外的巨大竞争压力,怎样发展本国农业才能提高农产品的国际竞争力成为当时日本政府考虑的主要问题。这时日本政府认为,提高农产品综合国际竞争力的关键之处在于提高单位农业生产的效率,而这个问题的关键是要大力培养掌握农业科技的农业专门人才,同时吸引有创新有担当的年轻一代更加积极主动地参与农业建设。为了达到这个目的,就要保证从事农业的收入不低于其他产业才行,这就必须实行农业生产的规模化,只有使得土地经营有了一定的规模,才能获得规模经济效益,才能提高农民的收入,吸引他们从事农业生产。因此,日本政府再一次修订了《农地法》和《农地利用增进法》,从法律层面要求农地向适合的生产单位集中,彻底废弃了发展"自立经营农户"的思路。

(二) 日本土地要素交换的基本特点

1. 成立土地流转中介机构

为了促进土地流转,日本先后成立农民协会和农业土地管理公司。最初,日本在推动土地流转的过程中,土地信托中介机构主要是农民协会,它起到了帮助农民将土地出租的作用。后来,为了促进农户之间转让土地和出租土地,日本政府成立了农业土地管理公司,它是一个不以盈利为目的的机构,主要由中央政府、地方政府和农民协会联合组成,其核心业务是先从农户那里购买或租得农地,然后再向那些想购买或租地的农业生产单位出让或出租土地,其中的运作费用由政府提供资金补助。

2. 严格控制土地流转方向

日本建立农业者认定制度来保证土地流转方向。为使得土地流转方向正确,日本修订了相关法律,保证农用土地使用者的素质,使得土地的功能发挥到最大程度。1993年,日本政府制定了《农业经营基盘强化促进法》,通过对农民认定身份保证土地流转的方向正确。1995年,日本政府修订了《农业基本法》,该法案规定农业生产必须有一定的规模并且生产者是专业的生产者,农户必须向村町提交5年农业发展计划和生产经营效益计划,再由村町负责审查,主要是从农业生产和经营能力、农民综合素质、组织信用状况、生产和经营业绩以及5年农业发展计划的可行性等方面进行逐项审查,通过审核后才能被认定为合格的农业者。

3. 谨慎对待法人参与农地流转

日本在土地改革的实行耕者有其田阶段,不允许法人进入农业生产领域,还规定拥有农地的人必须是农业生产者,防止出现土地兼并、破坏农业生产秩序的现象。后来,随着有关法律规定的进一步改变,日本的农业人口和非农人口的比例发生了巨大变化,农业人口从1946年的50%降到了1961年的不足27%。随后,日本政府允许法人进入农业生产经营,但是到今天,日本对公司法人参与农业经营依然保持了一定的限制条件,其目的是防止出现农业用地的使用用途被挪作他用。

4. 制定配套的辅助政策

为了促进土地流转按照既定的目标进行,日本政府制定了一系列的辅助配套政策。例如,为了使得兼业农户放弃农地,促进农地的规模化经营,日本政府通过职业介绍、充实教育、振兴农村工业、职业培训等方法,为其提供非农就业的大量机会,促使其自觉脱离农业;为了帮助农户解决后顾之忧,日本政府还特别为农业人口创设了养老金保障制度;为了吸引年轻人从事农业、扩大农业经营的规模,日本政府制订了农业技术培训和农业生产经营管理的培训计划,让社会的年轻人才积极从事农业生产。此外,日本政府通过建立和完善农民协会组织的办法,积极发展中介组织,进一步提高农业协作的专业化水平,大力倡导土地流转,更好地实现了农业生产的商品化、规模化和社会化。

5. 促进农业规模经营

二战后,日本实行耕者有其田政策,有效地促进了农业发展,但也形成了小而散的以小规模家庭经营为特征的农业经营方式。随着日本经济的发展,这种经营方式形成了大量农业兼业经营的现象,不利于农业的发展。从20世纪60年代开始,日本提出了许多扩大农地经营规模的政策措施,改变了小规模家庭经营的农业经营模式。日本政府先后制定了培育"自立经营农户"、促进土地使用权流转、鼓励农地向"合适的农业生产单位"集中等发展思路,促进农地流转,扩大农业经营规模,鼓励年轻人参与农业生产,促进农业现代化,提高农业生产效率。

6. 政策的阶段性特征很明显

日本政府是随着时间和实际情况的变化不断补充和完善各项农地流转政策的,制定了不同阶段的土地流转分目标,出台了重点不同的政策。20世纪80年代中期之前,日本的农地流转目标主要是以提高农地利用率、提高农民的收入水平为主,在这个阶段日本政府主要采取培育农户自立经营、倡导土地使用权流转的方法。20世纪80年代中期之后,日本政府的农业工作重点逐渐转到提升农业竞争能力上来,此时日本政府出台的政策强调加强农业技术培训,以吸引有才干的年轻人从事农业经营。

(三) 日本土地要素交换的启示

我国现代化的农业起步晚,土地制度的落后性严重阻碍了我国农业实现现代化。农村土地流转推行困难,问题多多,急需借鉴发达国家成功进行土地流转的经验,实现我国农业现代化的目标。日本在这方面的经验对我国农村土地流转和实现土地要素平等交换具有重要的启示。

1. 制定适宜的农地政策

我国需要制定适宜的促进土地流转的农地政策。改革开放之初,我国实行的家庭联产承包责任制的农地改革,很大程度上唤醒了农民从事农业生产的积极性,成功地提高了农业生产力,但这种经营模式也形成了严重的小规模分散经营的农业生产方式。随着时代的发展,这种小规模分散经营模式已经严重阻碍了我国农业现代化发展。因此,需要适时地修订农地政策,加速农业土地流转的速度,增强农户的农业规模化经营意识,提高农产品的竞争力,促进土地利用效率的稳步提高,大力发展农业现代化。

日本也曾经历过我国扩大土地经营规模的发展困境,并成功突破。从日本的经验来看,扩大土地经营规模首先要赋予农户稳定、明晰的农地产权,土地流转应建立在土地所有权稳定的基础上,从而解除农民土地使用权流转的后顾之忧。同时,要制定配套的政策措施,保证相关当事人的利益,为土地流转创造合适的环境,提高农业规模化经营水平。

2. 以土地经营权流转为主

我国的土地流转应该树立以土地经营权流转为主的指导思想。在我国,土地不仅是农民的生产资料,更是农民的保障,因此土地流转是关系到社会稳定的问题。在历史形成的农村土地集体所有的基础上,一要保护农民应有的土地承包权,二要大力推进土地经营权的流转,这是一件功在当代、利在千秋的大事。日本政府在20世纪60年代为了实现农业生产规模的扩大,让金融机构发放优惠贷款,允许农民购买土地的所有权,但是农业的生产规模却没有按预想的那样扩大,就是一个很好的例子。我们党很早就在相关文件中明确指出,要按照依法、自愿、有偿的前提,允许农民以多种形式流转土地承包经营权,大力扩大农业生产规模,在不改变农村土地集体所有性质、保证土地用途不变的前提下,实行土地承包经营权流转,同时还要保障农民合法权益不受侵害。

3. 促进农业组织形成规模

日本政府大力发展农民协会,使之作为最广泛的农业中介组织,在稳定日本农业发展、保障日本政治稳定、减少社会管理成本等方面发挥了非常重要的作用,同时还促进了日本农业规模经营。由此可见,我国也应该倡导农户由分散经营向合作经营转变,加快农业组织化的发展。首先应该发展专业性质的农村合作经济组织,其次还要大力发展社区性合作经济组织,使之能为农民提供综合性的服务。在这个方面,既要把政府的定位找准,积极引导农地流转,使政府为土地的流转提供一个公平、公正的制度环境,降低土地流转的经济成本;还要克服"越位"行为的发生,避免政府利用土地所有权强制农民进行土地流转,克服一些地方政府违规流转、缺乏服务规范的行为,损害农民的经济利益。同时,要大力培育一些好的中介组织,为农地流转提供服务。我国政府需要提供政策保障和扶持,为培育良好的中介组织做出努力,从而更好地为农地流转服务。政府要当好"指挥员",不要过度参与土地流转市场,主要是提供政策引导和帮助扶持,让中介机构发挥自主服务功能,服务于土地流转,同时以市场为导向,做好土地流转的"中间人"。

4. 让农业发展有法可依

我国大力完善农业立法,使得相关的法律法规能真正适应农业发展的需要。日本政府不断地研究农业发展的新情况,根据实践效果,不断地修正自己的政策法规,我国也应学习日本的做法,积极完善立法。在现有法律的基础上,认真处理好农地所有权、承包权之间的法律关系,让农业发展有法可依,使土地法律制度不断与时俱进,以保证我国农业得到可持续的发展。

5. 农业现代化要兼顾社会保障功能

农业现代化不但要满足粮食供给,要切实保证农民收入的稳步提高,同时还要兼顾环境保护,要实现这三大社会保障功能,是一个系统工程。日本旧法只单纯强调提高收入,并且以政府高补贴实现收入目标,这不但没有实现农业的可持续发展,还削弱了日本农业发展的后劲。因此,农业现代化不能片面追求单一目标。从历史上看,我国农业的政策和目标也在不断地发生着变化,20世纪80年代,当时农产品的供给还十分短缺,主要是要增加有效供给;20世纪90年代,我国提出要建设社会主义大农业,要切实提高农民收入;现在,我国农业的主要目标是重视环境保护,支持农业生态建设,更快实现农业的现代化。

6. 要从制度上严格保护农地

跟日本一样,我国人均土地资源也是十分匮乏的,而且随着我国工业化的快速发展,农业与工业的"争地态势"将长期存在,加上地方政府的一些"短视行为",普遍存在侵蚀农用地的现象。要加强教育和监督,强化农地保护意识,自觉把保护耕地落到实处,各级地方政府要担负起主要责任,各级地方政府主要负责人要成为第一责任人,严格落实"耕地实行先补后占,不得跨省区市进行占补平衡"的精神,严格实施占补平衡的制度,严格遵守"划定永久基本农田,建立保护补偿机制,确保基本农田总量不减少、用途不改变、质量有提高"的要求。

7. 不断提高农民的自身素质

日本的经验表明,人是农地流转的市场主体,农民的自身素质对促进农业现代化影响巨大。首先,农民自身素质的提高,有利于农民懂法,知道如何利用相关法律法规来维护自己的合法权益,可以大量减少土地流转中的纠纷。其次,农民自身素质的提高,有利于农民运用现代农业科技,提高农业经营收入。最后,农民自身素质的提高,有利于运用现代经营理念,实现农业经营的规模化,从而积极主动地加大对农业生产要素的投入,以更快地实现农业的现代化。

第七章 土地要素平等交换下缩小城乡收入差距的路径创新

在厘清土地要素平等交换对缩小城乡收入差距发挥作用的相关机理的基础上，我们的研究最终落脚于创新设计一个可行的土地要素平等交换的路径，即在现行的土地要素交换制度的基础上探索一个系统的可以实现缩小城乡收入差距的具有指导性的原则、制度和方法。这种路径创新一方面来源于我们在理论上的推导，另一方面还应当得到实践的验证。土地是具有两重属性的财产，一方面它是市场交易的基本要素之一，另一方面它作为稀缺的自然资源，又具有强烈的公共属性。因此，要在缩小城乡收入差距的目标下实现土地要素平等交换，需要我们维持好市场调节与政府调控、公共利益维护与农民权益保护、顶层设计统一推进与因地制宜方式多样之间的平衡。

建立归属清晰、权能完整、流转顺畅、保护严格的农村集体产权制度，是推进土地要素平等交换的基本保障。在坚持和完善最严格的耕地保护制度的前提下，赋予农民对集体土地占有、使用、收益、流转及承包经营权抵押、担保等权能，允许农民以转包、出租、互换、转让、股份合作、信托等形式流转集体土地。对农村集体经济组织和农民权益系统的制度保障，需要我们对既有的产权制度进行检讨，明确不同财产权利的属性，确定各类主体的权利，并以此作为他们参与分配的基础，而"无救济则无权利"，因此还要给予不同的主体寻求法律救济的途径。

我国幅员广阔，各地区差异巨大的人地关系和农业生产方式要求我们因地制宜地探索土地要素平等交易的多种实现方式，不同性质的土地交易也需要各不相同的方法，本章对近年来各地所出现的各种土地交易新型方式进行梳理、比较和分析，这些方式在实现土地利用效益最大化和城乡统筹发展方面各有所长，可以为我国各地进一步的土地交易方式改革提供借鉴。

土地要素平等交换的路径设计是关乎我国几亿农民生计和发展的重大政治和经济问题，它不仅是改变我国当前农用地条块分割、发展适度规模经营的根本路径，还是缩小我国城乡收入差距、实现城乡融合发展的根本路径。

一、路径选择的指导思想

（一）政府引导与市场机制相结合

推进土地要素交换平等化就是按照市场化的运作机制来推进农村集体所有制土地的流转。有关流转制度的完善，需要政府做出进一步规范。

在土地流转的过程中，政府应发挥引导、服务和管理的作用。首先，要引导流入流出双方对农用地流转合理定价，制定农用地流转的规则，加大保险、金融、补贴及项目支持力度，促进农用地适度规模经营。其次，对可能存在的改变耕地用途、法律冲突、风险不确定、侵害农户利益、融资困境等方面的问题，应通过法律规范、制度创新、组织建设、政策支持等一系列政策措施，为我国农村土地流转模式创新服务。最后，对村干部、基层政府以"土地集体所有制"为名，任意收回、越权流转农户承包地，剥夺农民的知情权和参与权，强制流转等不规范行为，应严加惩治和管理，在坚持土地承包关系长期不变和尊重农民意愿的前提下，积极探索建立"依法、自愿、有偿"的市场化农用地流转机制。

政府的着眼点应放在培育农用地流转市场，保障农民在土地流转中的主体地位等方面。一些地方政府采取的下指标、定任务、搞考核、行激励等措施，实际上不仅违背了市场经济的本质，还在一定程度上损害了广大农民的利益。农民利益的维护取决于其自身素质的提高。当前我国农村劳动力的整体素质不容乐观，这是由于长期以来我国的公共财政投入主要向城市倾斜。政府的政策是优先进行物质资本投资而非人力资本投资，优先发展城市人力资本而非农村人力资本。我国目前在农村从事农业生产的是一群被称为"386199部队"的留守型农民。大量的"农民工"作为中国特色的一种社会现象表明农村人力资本积累的个人收益以迁移收益为主。改造传统农业需要引进"新的生产要素"，需要"向农民投资"，提高农民素质和人力资本水平。试验表明农民进入市场的途径不是取消小农家庭的生产组织形式，而是通过一定的经济合作组织形式来实现农民市场一体化，增强农民抵御市场经济的风险，提高其在土地要素流转过程中的话语权。我国当前农民素质的提高，需要政府在公共资源均等化配置方面做出积极努力。

（二）公共利益与农民权益相平衡

在土地要素平等交换的背景下，缩小城乡收入差距的核心内容是改变现有的土地收益分配制度，提高土地要素交换过程中农民的收益比例。土地是农民最大的资产，中共中央十八届三中全会做出《中共中央关于全面深化改革若干重大问题的决定》，指出加快构建新型农业经营体系，赋予农民更多财产权利，推进城乡要素平等交换和公共资源均衡配置。土地对农民来说，是创造财富的源泉，是维持生计的最后一道防线。当农民失去的土地被用于国家公共设施、生态建设，或是被村集体、房地产开发商用于非农建设时，农民在获得土地补偿费或安置补助费等一次性的货币补偿之后，这些货币本身对农民今后的生计问题不足以形成有效的支撑，农民也无法进一步将这些货币进行"资本化"的投资理财活动。失去土地的农民等同于失去生计的基础，生活再度陷入贫困的边缘。特别是那些处于社会底层、能力低下的农民，贫困已出现了代际转移迹象。因此土地流转要做到公共利益与农民权益相平衡。

我国目前的农用地流转市场中，为数最多的是普通农民，他们以家庭联产承包责任制为基础，有的甚至放弃农业生产，到城市打工，这部分人有农用地转出的需求；其次是少数谋求扩大经营规模的农民，这部分农民具有农业经营头脑，对政策敏感，希望通过扩大经营规模换取政府的支持和政策的倾斜；第三类是地方涉农龙头企业，他们是农村市场化最早的一部分人，具有商业头脑，想进一步借涉农新政延长农村产业链，这些企业可能是产供销一体化的合作社或土地股份制企业；第四类是村集体组织中的成员，他们往往借手中控制更多的土地资源，获取土地政策红利、规模经济效益；最后一类是外来的工商企业，这些企业过去和农业没有直接联系，近年由于面临宏观经济调结构的压力，而希望从农业投资中获利，有的企业甚至以投资农业为名，行圈地占地之实。

上述五种利益主体交织在一起，使得为数最多的普通农民的权益难以得到保障。特别是由于我国现有的集体土地所有权普遍存在"虚置"现象，广大的农民甚至认为自己并不拥有土地，土地是国家的，这样使得在土地流转的过程中，对地方政府或村干部的代理行为无法得到有效的监督，使得地方政府或村干部实际行使市场交易中所有者的权利，极大地损害了农民主体的利益。因而在思想观念上，首先要确立农民是农用地流转的主体，土地承包经营权是否流转和流转的方式应由农民自主决定，充分尊重作为流转主体的农民的意愿，保障农民在土地流转中获得公平的收益。

在土地征收补偿方面，国务院发展研究中心调查结果显示，当前被征地农民的补偿款只占土地增值收益的5%～10%。在目前的土地流转过程中，我国农村的土地价格在购买时基本按照被征前的粮食亩产来确定,但是在售卖时却按照土地的区位、用途以及其稀缺性来确定。土地成功转让之后,地方政府、村委会与农民一起参与土地收益分配,成为土地流转过程中的利益主体。在土地公有制的基本制度之下,"涨价归公"倒也无可指责,但是政府在获得土地交易的增值后,应该按照"取之于地,用之于地"的原则,进一步完善土地征收农民的补偿标准,提高土地出让增值收益中农民所占的比重,建立农村集体建设用地利益分配和补偿机制。

在政府主导下进行土地征收的过程中,其垄断了土地交易的一级市场,在地价确定和补偿分配方面具有绝对的控制权,而地方政府由此养成的对土地财政的依赖,使其在制定征收方案时更多地考虑自身利益。

农村土地征收过程主要由地方政府、村委会作为土地交易过程中农民的集体代理人,作为利益主体的农民没有直接参与,甚至在毫不知情的情况下土地已经被转让。更为严重的是一些代理人不惜损害农民利益,与开发商相互勾结,谋取私利。农民集体作为土地所有权的主体,理应享有部分流转收益,将部分收益分配给集体成员,使其成为土地增值的受益者,是增加农民财产权利的有效手段和重要举措。而政府对农民集体建设用地使用权流转发生的土地增值利益,通过征收集体土地增值收益税即可实现。这种思路是地方政府只参与流转收益的二次分配,即政府所获得的土地增值收益主要体现于征收土地增值税,而将此外的土地增值收益留给集体经济组织在被征地农民间进行分配,并由集体提留一定比例的收益,从而最终保证集体享有流转收益分配权,为村庄公共产品和公共服务供给,进而为农民的普遍持续增收奠定经济基础。

相较于土地征收,土地经营权流转的收益分配较易处理,可以通过确立土地承包人作为合同当事人,明确禁止集体经济组织代位土地承包人签订合同,由承包人直接与受让人协商土地使用费。对补偿、安置问题,政府和农民之间应坚持双方自愿的原则,平等协商,对协商不成的,可以通过征地关系纠纷仲裁机构来仲裁,或直接向法院起诉,寻求司法解决。

从保障集体成员共同行使所有权的角度,在集体土地所有权的代表方面,应以农民的成员权为基础建立专门的农村集体经济合作组织,专门行使农村的集体经济职能,作为集体成员参与决策和表达利益等成员权利实现的重要载体。对失地农民进行补偿,要力求补偿方式多元化,如对失地农民进行后续职业教育和培训,为他们提供可以预期的稳定的工作或收入来源,以及必要的法律援助。

(三)顶层设计与因地制宜相协调

农村土地改革不仅仅是一个经济体制改革问题,而且是关乎几亿农民生计和发展的重大政治问题,必须坚持在党中央的统一领导和部署下进行,防止改革之路走偏。

中共中央十八届三中全会做出的《中共中央关于全面深化改革若干重大问题的决定》以及2015年11月中共中央办公厅和国务院办公厅联合发布的《深化农村改革综合性实施方案》,对深化我国农村土地制度改革提出了总体目标和一系列战略部署。这种整体规划的出台,统一了各地改革设计者和参与者的思想,便于协调各方的行动,使改革能够形成合力。

按照传统的观念,土地把农民与农村、农业捆绑在一起。土地不仅是农民的安身立命之所,也是全中国各项经济活动的载体。但是随着城市化、工业化进程的加速,一些根深蒂固的观念开始缓慢地瓦解甚至裂变。目前中国将近2.7亿农民工的主要就业不是在农业内部,土地也不是他们赖以生存的生产资料,土地对这些农民来说所起到的就业和生活保障的功能在逐步弱化。由于农业生产在农村经济中的地位开始下降,土地一度成为最不值钱的"商品",在一些农村地区,由于受到当地政府的强制管理,严禁土地撂荒,有些需要外出务工的农民家庭不得不请人代耕,也就是付钱给在自己承包地上的耕种者,土地要素的价格被严重扭曲。加上我国国土幅员辽阔,各个地方有各自不同的省情、县情、乡情,人均土地面积、经济发展模式与水平、城乡一体化程度、社会保障等配套措施以及群众的意识等诸多因素都会对土地流转制度的实践产生影响,统一制度在不同地区的实施也可能会产生不同的效果。如在城镇化水平较高的地区,农民离开土地后容易进入其他产业,同时,土地流转获得的收益也较高,土地流转就相对较为顺畅。

当前亟须解决的问题:一是要最大限度地满足城市化、工业化对土地的需求;二是要确保粮食安全,固守18亿亩耕地红线。一些地区通过对土地的整理、规划、节约使用和适度流转,在正确处理好农地与非农地矛盾的前提下,增加城市建设用地,提高土地利用的经济、社会和生态效益是卓有成效的。同样地,在通过土地要素流转缩小城乡收入差距的问题上,我们既要符合中央的整体部署,也要因地制宜,充分发挥地方的首创精神。

二、路径选择的制度保障

目前,我国有关农村土地制度的法律有《宪法》《土地管理法》《物权法》《土地承包法》《农村承包经营纠纷调解仲裁法》等,而《农业法》《林业法》和《村民委员会组织法》也都有涉及农村土地制度的规定,这些法律各自侧重于农村土地管理和流转的不同方面,构成我国现有的农村基本土地制度。但这些法律立法时间和背景不同,立法目的各有偏重,执法行为政出多门,导致其间容易出现冲突,同时从总体上看我国农村土地制度重公共利益保护,忽视个体权益保障,因而有必要对这些法律进行梳理。

(一) 产权制度保障

当前我国农村土地权属仍然不够清晰,主要包括集体土地所有权行使代表模糊,农户承包权和土地经营权的法律属性不够确定,有关土地权利的各项物权、担保、抵押等权能不够充分几个方面。

针对我国普遍存在集体土地所有权"虚置",集体土地所有权由集体之外的主体(如地方政府)或集体成员的代理人(如村干部)来支配等情况,《深化农村改革综合性实施方案》指出:"稳定农户承包权,就是要依法公正地将集体土地的承包经营权落实到本集体组织的每个农户。"《深化农村改革综合性实施方案》中关于落实集体土地所有权的内容,就是落实《物权法》第59条第1款规定的"农民集体所有的不动产和动产,属于本集体成员集体所有",这里再一次明确了集体土地产权的主体是本集体成员。

我国的集体土地所有权与一般所有权之间的主要差别在于:集体成员整体对财产拥有所用权而不划分潜在份额,其成员依照一定规则行使管理、处分、使用、收益等权能。党的十七届三中全会《决定》指出:"赋予农民更加充分而有保障的土地承包经营权,现有土地承包关系要保持稳定并长久不变";《农村土地承包法》第26条规定"承包期内,发包方不得收回承包地",第27条规定"承包期内,发包方不得调整承包地",第32条规定"通过家庭承包取得的土地承包经营权可以依法采取转包、出租、互换、转让或者其他方式流转"。上述规定事实上确立了农民对承包地的用益物权。

在土地物权权能的生效方面,土地承包经营权作为一种物权应当与其他不动产权利遵循同样的原则,采用登记生效主义,即土地承包经营权的取得和生效未经登记不发生法律效力。目前,我国的土地承包权采用的是登记对抗主义,即其在合同生效之日起即可生效,而权利未做登记不能对抗第三人。这一做法在实践中导致农民登记的积极性不高,农村土地权利登记推行缓慢,影响到农民的权益保护。

在土地物权权能的实现方面,赋予农民承包土地全面的物权权能和担保权能。依照我国现行的《担保法》第36条和第37条的规定,除以乡(镇)、村企业的厂房等建筑物抵押的,其占用范围内的土地使用权同时抵押的情况外,林地承包权可设置抵押权,而农村的耕地、宅基地、自留地、自留山等集体所有的土地使用权不得抵押,这在一定程度上制约了农民通过土地经营权进行融资获取发展资金的能力,同时,法律对土地承包经营权流转确权规定的口径不一,也埋下了土地流转纠纷的隐患。

尽管《决定》和《深化农村改革综合性实施方案》都对农民对土地可以行使占有、使用、收益、流转、抵押和担保等权能这一改革方向做出了规定,但是由于法律制度落后于政策,因此需要加快相关法律的修改速度,以落实相应的政策。从"推进城乡要素平等交换和公共资源均衡配置"的目的出发,当前我国在土地流转相关制度的制定方面,应以《物权法》为基础,把《土地承包法》的内容纳入《物权法》当中;而将《农业法》《林业法》中有关土地制度的内容纳入《土地管理法》当中,这样涉及的"私权"问题以《物权法》为依据,涉及的"农村集体经济组织""土地用途管制"等"公共管理"问题则统一由《土地管理法》规定,使土地制度系统化。

(二) 主体制度保障

明确农村集体土地产权的主体,首先要区分所有权、使用权主体,使中国特色的农村集体土地产权更加清晰,这样才能进一步明确土地流转过程中的受益主体、利益分配主体。农民作为集体土地所有者的权利要落实到农户或个人,同时农民作为集体经济组织成员的主体权利也要落实。农民在集体中的成员权,主要是指法律赋予农民在集体事务中的知情权、表决权和监督权,农民可以通过其成员权的行使,参与到集体的决策过程中去。《物权法》第59条明确了集体成员的决策权,第62条明确了集体成员的知情权,第63条明确了集体成员对侵害集体成员合法权益的决定的撤销权。

为使农民有足够的知情权,政府应对征地方案进行民意征集,并对征收土地的相关评价数据进行公开。然而在实践中,特别是在土地要素交换过程中,我国土地集体所有权则分别由村民小组、村民委员会、乡镇政府代表全体集体成员行使所有权,他们作为市场经济的主体与农民争利是不争的事实,现有法律对这些"代理"在行使集体所有权的方式和程序方面缺乏完备的规定。因而对农民主体的参与权需要以程序性制度和法律加以保障,其内容包括:

(1) 加强信息公开制度,确保集体经济组织成员的知情权。我国《物权法》第62条规定:"集体经济组织或者村民委员会、村民小组应当依照法律、行政法规以及章程、村规民约向本集体成员公布集体财产的状况。"同时还在第63条第2款中规定了集体经济组织成员对集体组织决议的撤销权。但这种规定比较空泛。为保证将集体组织成员的知情权落到实处,在立法中对土地流转中的公开事项和公开方式做出了明确规定。诸如土地规划的制定、承包土地的划分、土地征收和补偿方案等都应当向集体经济组织成员公开。应当在相关立法中明确信息公开的主体、范围和方式,并赋予利害关系人对不公开的行为申诉或者诉讼程序获得救济的权利。

(2) 健全集体经济组织成员的决策参与机制和利益表达机制。在集体经济组织做出土地流转决策的过程中,其成员的表决权应当得到充分的尊重,集合成员的意见形成集体决议。在土地流转合同签订的过程中,承包经营土地的农民是合同的基本主体,在不涉及集体利益的土地流转过程中,应仿照《合同法》的规定建立在当事人自愿基础上的土地流转合同制度,确定流转合同只能由转出方的农民与转入方签订。关于涉及集体利益的土地流转,《土地管理法》规定:"农民集体所有的土地由本集体经济组织以外的单位或者个人承包经营的,必须经村民会议三分之二以上成员或者三分之二以上村民代表的同意,并报乡(镇)人民政府批准。"

(3) 建立和完善土地流转的监督机制。为了避免集体经济组织的决策侵害集体经济组织成员的利益,需要切实保障集体经济组织成员对土地流转事务的监督权。目前在监督方面的法律依据是《村民委员会组织法》第五章中的规定。但从实践来看,农村集体经济组织的监督未能落到实处,原因是多方面的,其中有两个方面最主要的原因:一是农民缺乏专门知识,监督能力不足;二是村民对村委会缺乏有效的制约手段。为解决这些问题,可以在乡镇人民代表大会或政府设立专门负责监督集体组织的机构,以提高监督的效力。

(4) 引入第三方机构对集体经济股份公司进行监督和审计。按照现代企业制度成立集体经济股份公司,农户根据在集体经济中的份额获取收益,同时引入第三方机构对集体经济股份公司进行监督和审计,公司要做到各项事务公开,及时将补偿金标准额度和资金到位情况公示于所有集体经济成员,并加强对征地费使用情况的监督。

（三）分配制度保障

目前在农村土地流转的过程中引发纠纷的主要原因是作为转出者的农民在土地流转中收益比例过低。土地要素平等交换的核心是建立公平的土地流转收益分配制度，确保农户在土地流转中的收益权，实现城乡土地同权同价。在土地要素平等交换的背景下，缩小城乡收入差距的核心内容是改变现有的土地收益分配制度，提高土地要素交换过程中农民的收益比例。

政府主导下进行土地征收的过程中，其垄断了土地交易的一级市场，在地价确定和补偿分配方面具有绝对的控制权，而地方政府由此养成的对土地财政的依赖，使其在制定征收方案时更多考虑自身利益。根据《土地管理法》的规定，征收耕地的补偿费用包括土地补偿费、安置补助费以及地上附着物和青苗的补偿费，而耕地补偿费和人均安置补偿费的标准分别是"该耕地被征收前三年平均年产值的六至十倍"和"该耕地被征收前三年平均年产值的四至六倍"。因而其补偿并非与土地的市场价格挂钩，从而对农民来说并未体现出"同地、同权、同价"的原则。

在土地征地补偿方面，国务院发展研究中心的调查结果显示，当前被征地农民补偿款只占土地增值收益的 $5\%\sim10\%$。在这一问题上，《国土资源部关于促进农业稳定发展农民持续增收推动城乡统筹发展的若干意见》提出的"初次分配基于产权，二次分配政府参与"的分配原则是较为恰当的。农民集体作为土地所有权主体，理应享有部分流转收益，将部分收益分配给集体成员，使其成为土地增值的受益者，这是增加农民财产权利的有效手段和重要举措。而政府对农民集体建设用地使用权流转发生的土地增值收益，通过征收集体土地增值收益税即可实现。这种思路是地方政府只参与流转收益的二次分配，即政府所获得的土地增值收益主要体现于征收土地增值税，而将此外的土地增值收益留给集体经济组织在被征地农民间进行分配，并由集体提留一定比例的收益，从而最终保证集体享有流转收益分配权，为村庄的公共产品和公共服务供给，进而为农民的普遍持续增收奠定经济基础。

此外，对土地征收过程中农民的利益表达机制还需要进一步加以完善：首先对征收是否具有公益属性，应当充分考虑通过集体经济组织形成的综合意见，除经国务院及所属部门批准的项目施工征收土地外，可以规定只有村民会议决议认为征收具有公益属性的，政府才可以直接进行后续的征收；如村民会议认为征收不具有公益属性的，政府如果仍然要求征收，则赋予农民在此问题上的诉讼权，由司法机关通过判决形式加以解决。其次征收补偿方案应规定由政府和集体经济组织通过充分协商达成协议，而不应由政府单方面决定。

在实践过程中还应注意补偿方式多样化,如提供实物、地租、服务等。对货币补偿仍无法满足农民的后续生存问题,政府应对失地农民进行岗位培训,给予社会保障或提供适当的工作岗位等,实现对农民的合理补偿。

相较于土地征收,土地经营权流转的收益分配较易处理,可以通过确立土地承包人作为合同当事人,明确禁止集体经济组织代位土地承包人签订合同,由承包人直接与受让人协商土地使用费。对补偿、安置问题,政府和农民之间应坚持双方自愿的原则,平等协商,对协商不成的,可以通过征地关系纠纷仲裁机构来仲裁,或直接向法院起诉,寻求司法解决。

(四) 救济制度保障

现行农地权利救济立法主要有《中华人民共和国土地管理法》(以下简称《土地管理法》)、《中华人民共和国土地管理法实施条例》、《最高人民法院关于审理农业承包合同纠纷案件若干问题的规定(试行)》、《最高人民法院关于审理涉及农村土地承包纠纷案件适用法律问题的解释》以及《中华人民共和国农村土地承包法》(以下简称《农地承包法》)等。现行农地权利救济制度虽然提供了调解、仲裁和诉讼等多种救济途径,但其适用范围多集中于农业承包纠纷和承包经营权侵权纠纷、承包地征收补偿费用分配纠纷、承包经营权继承纠纷,且操作性较弱。

农村土地流转救济的制度建设需要解决不同农地流转纠纷的救济途径,涉及不同救济制度的设置。农村土地流转纠纷主要发生在三重关系中:一是农民或集体经济组织与政府间的纠纷,这一类纠纷主要涉及政府的征地行为;二是农民与集体经济组织间的纠纷,这主要涉及征地补偿款的分配以及土地承包经营权流转过程中的集体决议,特别是在农民以土地经营权入股以后,集体经济组织对土地经营权的处置;三是农村土地流转合同当事人间的纠纷,这主要涉及农村土地流转合同的缔结与履行。就第一种情况而言,政府征地行为中涉及被征收人利益的主要是征地审批和征地补偿安置方案审批行为,其可诉性存在争议,但从农民利益保护和化解征地纠纷的角度看,应当从立法上确立被征收人提起行政诉讼的权利。就第二种情况和第三种情况而言,应在立法中明确农地合同纠纷属于民商事法律纠纷,赋予农村土地流转合同的转让方即农村土地承包人——集体经济组织成员农民和受让方民事诉讼的主体资格。

三、路径选择的实践方式

（一）建立健全宅基地使用权和农用地承包经营权确权登记颁证制度

长期以来，作为我国农村基本经济制度的农村集体土地所有制存在产权主体界定不清、所有权主体多元交叉等问题。农村集体建设用地是指乡（镇）村建设用地，即乡（镇）村集体经济组织和农村个人投资或集资，进行各项非农业建设所使用的土地，大致分为三类：公益事业和公共设施用地、乡（镇）企业用地以及农村居民住宅用地即宅基地。作为农村集体建设用地的重要组成部分——农民宅基地在产权性质上仍然属于农村集体所有，是村集体为保障农民的居住权而无偿拨给农户建造住宅所使用的土地。对农村集体所有制土地进行全面确权，不仅是农村土地市场化流转的前提，还能把土地变成农民的财产源泉。

在农村土地确权方面，要全面落实由国家土地管理部门统一管理的土地承包经营权的登记发证制度。建立健全土地承包经营权确权登记颁证制度，是稳定农村土地承包关系、促进土地经营权有序流转、发展适度规模经营的重要基础性工作。农地确权有利于提高农地产权的稳定性，因为农地确权的核心就是把农用地的使用权明确到每家每户，并且通过向农户发放相应的证书，用法律形式把权利固定下来。

2016年底，《中共中央国务院关于稳步推进农村集体产权制度改革的意见》（以下简称《意见》）发布，《意见》将土地承包权界定为"土地承包权人对承包土地依法享有占有、使用和收益的权利"。只有"拥有集体成员身份的（承包）农户"才享有土地承包权，无论土地经营权如何流转，农户的土地承包权均不丧失。三权分置以后，土地经营权包括以下几个方面：① 占有、使用承包地，依法依规建设必要的农业生产、附属、配套设施，自主组织生产经营和处置产品并获得收益；② 通过转让、互换、出租（转包）、入股或其他方式流转承包地并获得收益；③ 就承包土地经营权设定抵押；④ 自愿有偿退出承包地；⑤ 具备条件的可以因保护承包地获得相关补贴；⑥ 承包土地被征收的，承包农户有权依法获得相应补偿，符合条件的有权获得社会保障费用等。

党的十九大报告提出，继续深化农村土地制度改革，完善承包地"三权"分置制度。由于农村流动人口逐年增多，城乡一体化进程也在加快，如果不尽早确权到户,这些集体资产就更难说清楚归属,有流失或被侵占的危险。集体资产确权到户并进行股份化分配后,农民可以清楚地了解到集体资产的数额和自己应该分到的收益。

在实践中,农村土地确权需与确地或确股联系起来。确地对农户来说处置的是具体地块的承包权与经营权,因而对承包户权利的保护更加有效。而确股,农户处置的是股份,将有利于耕地流转和农业更大规模的经营。但是如果只确股不确地,转出土地的农民无实物依据,将使农民在土地流转后的履约和维权变得困难。土地承包经营权确权登记原则上确权到户到地,各地农民可以根据本村集体的集体表决,来决定是只确股不确地或是既确股又确地。

(二) 构建土地流转的有形市场和信息平台

通过构建土地流转的有形市场,形成土地流转的信息平台,促成土地供应方与用地需求方就流转期限、价格、条件等因素进行直接协商、谈判和交易,最大限度地实现土地流转交易。

农村土地交易所一般设在政务服务大厅等场所,为农村集体土地承包经营权依法流转交易提供了有形的市场。农村土地交易所服务的对象以农户、农民合作社、农村集体经济组织为主,农村土地交易所的设立,主要是为上述市场主体提供有关土地流转的政策咨询、价格指导、纠纷协调等事项的现场服务。

由于我国土地流转交易的目的仍以从事农业生产经营为主,流转交易行为主要发生在县、乡范围内,因而要使土地流转市场化、常态化运作,还要充分利用现代网络,设立土地流转信息平台,及时更新有关农用地流转的供求信息,如土地承包经营权的面积、期限、区位、价格、是否是"季节性流转"及承包方经营范围等供求信息,形成对农村土地交易所的有效补充,更好地服务农村土地市场化流转。目前我国农村土地流转领域领先的信息服务平台——土流网,已累计发布土地亩数 3.5 亿亩,完成交易达 1.2 亿亩。

(三) 探索土地要素平等交换的多种实现方式

1. 农村集体建设用地流转

当前由于农村集体建设用地流转存在制度不完备、流转程序不规范等问题,因此,必须在实践中不断探索农村集体建设用地的模式,总结已有的经验,进行复制和推广,保护农民的合法权益,充分发挥农村集体建设用地应有的价值。

(1) 间接流转

实践中采用较多的是间接流转,主要通过土地征收、城乡建设用地增减挂钩等路径展开。

① 土地征收。即农村集体建设用地首先被国家征收成为国有土地,再进行流转。地方政府通过土地征收的方式,依照法律规定的程序和权限将农民集体所有的土地转化为国有土地,并依法给予被征地的农村集体经济组织和农民合理补偿和妥善安置。实质上这是一种转权形式的农村集体建设用地流转,即将土地产权的集体所有制变为国家所有制,同时也是农村集体建设用地的"间接流转"模式之一,这种模式尤其适用位于市中心的城中村改造。

② 城乡建设用地增减挂钩。首先将宅基地整理成农用地,退宅还耕后,增加相应的城镇建设用地规划。作为我国农村的基本经济制度,农村土地集体所有制是1982年《宪法》确立的。自1986年《土地管理法》颁布以来,我国对集体建设用地的非经营性用途管制持续了30余年。从1990年开始我国已经在部分农村地区有规划、有秩序地开展了宅基地整理工作。新一轮城乡建设用地增减挂钩政策源于国务院2004年下发的28号文件《关于深化改革严格土地管理的决定》,其中明确指出:"鼓励农村建设用地整理,城镇建设用地增加要与农村建设用地减少相挂钩。农民集体所有建设用地使用权可以依法流转,在符合规划的前提下,村庄、集镇、建制镇中的农民集体所有建设用地使用权可以依法流转。"

随着城镇化进程的加快,农民由农村转向城市就业,农村宅基地存在大量闲置现象。为了让农村这部分巨量沉睡的宅基地释放出来,上海、天津、成都等地政府在宅基地管理方面积极探索并强力推动,在实践中主要采用了以下两种做法:一是与各地的新农村建设结合起来,将原先分散的自然村落撤并,引导村民重新在集体所有的土地上集中居住;二是农民自愿以其宅基地按照政府规定的置换标准,换取小城镇内的一套住宅,迁入小城镇居住。这样节约下来的土地经整合后,优先满足集体建设用地的需要,再通过拍卖等方式出售,纳入城市建设用地规划,从而达到盘活农村闲置的资产,有效缓解城市建设用地供需矛盾的目的。

(2) 直接流转

党的十八届三中全会通过的《中共中央关于全面深化改革若干重大问题的决定》指出,建立城乡统一的建设用地市场,在符合规划和用途管制的前提下,允许农村集体经营性建设用地出让、租赁、入股,实行与国有土地同等入市、同权同价。这种"保权让利"的做法,是在保持集体非农建设用地所有权不变的前提下,仿照国有土地有偿使用管理的方式,将集体非农建设用地按一定年限通过转让、出租、入股、联营等方式直接流转,土地收益大部分留给集体经济组织的模式。如上海嘉定、江苏无锡等地可将集体建设用地的使用权用于商业、娱乐、旅游等经营性项目以及工业性项目,通过出让、出租、入股等方式,直接上市流转。

农村集体建设用地的直接入市打破了政府在土地供给上的国有垄断地位,实现了土地供给的市场化。同时,集体建设用地流转实现了土地资产资本化,各地根据自身的基础条件,具体的流转形式不尽相同,但是可以在转权或保权的情形下,形成土地供应的统一市场,推动城乡融合发展,如图7.1所示。

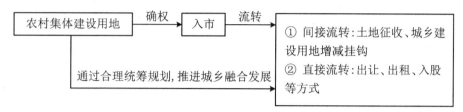

图 7.1　农村集体建设用地流转路径及方式

2. 农用地流转

农用地"三权分置"是2016年10月中共中央办公厅、国务院办公厅公布的《关于完善农村土地所有权承包权经营权分置办法的意见》(以下简称《"三权分置"意见》)的核心。国务院提出"三权分置",既保护了承包者的利益,又保护了经营者的利益。原承包者凭借承包权获得财产收益,获得流转地的经营者可以通过规模经营,专业从事农业生产,提高劳动生产效率,逐步实现农业现代化。农用地流转是指农村家庭承包的土地通过合法的形式保留承包权,将经营权转让给其他农户或其他经济组织的行为,是农村经济发展到一定阶段的产物。促进农地经营权流转是我国实现农业现代化的一种有效措施。近年来,农用地流转越来越多,截至2016年底,农用地经营权流转的面积达到4.7亿亩,占整个二轮承包面积的35.1%。在农用地经过确权、入市后,主要通过图7.2所示的方式进行流转。

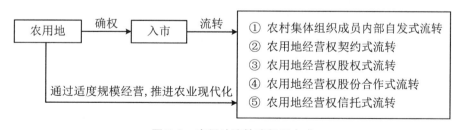

图 7.2　农用地流转路径及方式

(1) 农村集体组织成员内部自发式流转

农村集体组织成员内部之间的自发式流转主要通过土地置换,解决土地细碎化问题。这种经营主体仍以单个农户为主,土地置换后,农户通过联耕联种实现统一供种、统一耕种、统一用药、统一购买农用物资等适度规模经营。

基于农户自愿互换模式的农用地自发流转,由于匹配度不高,仅限于少数农户之间,有时甚至是亲戚之间局部、零星的土地流转,互换范围小,无法实现土地集中连片经营。此外,农民自发式土地流转期限短,一般缺乏正式合约。因此,现阶段基于农村集体组织成员内部自发的土地流转无法真正实现农地集中规模经营,农地细碎化程度并未发生明显改善,对农民收入的变化影响不大。

(2) 农地经营权契约式流转

农村土地经营权转包是农户将其承包地进行有偿流转的一种方式。这种流转不改变原有的农村土地承包关系,转出户继续履行其原有的承包合同的义务,并享有相应的权利。

其具体做法是农户采取有偿转让的形式,通过正式的契约把土地承包经营权转包给村集体、种粮大户、本专业合作社或农场,上述组织把农户手中分散的、荒芜的土地集中起来进行种植、田间管理、粮食收割等事宜。这种方式直接易行,它不仅是对家庭联产承包责任制的一种改良,还可以充分提高土地利用效率,实现农村土地适度规模经营和农业现代化。

在实践中,这种有偿转让的方式通常以租金的形式体现,所以又被称为农村土地承包经营权出租方式。租金通常根据土地区位优劣、流入户种植的作物不同、流转期限不同来确定,采取现金或者实物的方式按年度支付。年租费折合人民币从四百元到七八百元不等,也有上千元或低于四百元的,具体价格受所在地域、出租时间、土地质量、经营产品、承租对象、谈判及谈判主持者等多重因素影响;出租时限有3年、5年、7年、10年、15年或更长的。

为了充分保障农民土地承包经营权收益以及农村土地安全,政府需要设定一套完整的制度,对转让合同进行规范,对转让土地的使用范围、期限、租金调节等方面进行规定。

(3) 农用地经营权股权式流转

《"三权分置"意见》明确了土地经营权的入股流转方式,为农地流转提供了一条新的路径选择。所谓农用地经营权股权式流转,是指农民将土地的经营权量化为股权,入股或者组成股份公司或合作社等,从事农业生产经营。农户将土地使用权流转给股份公司或合作社经营,实现承包权与经营权的有效分离,按照农户土地所占的股份进行分红,从而达到农业规模化经营和农民财产性收入增加的双重目的。

(4) 农用地经营权股份合作式流转

在实践中,主要是指村集体经济组织的承包户以土地承包经营权入股,组成股份制企业或者农业生产合作社,实现农业合作生产和产业化经营,主要有以下两种情形:一是农民以土地承包经营权入股农民专业合作社,这在浙江、苏州、成都、上海等地区已进入试点实施阶段。二是由外来资本介入,成立股份制企业,农民以承包经营权入股,取得股息,同时,农民通过提供劳动,取得相应的工资收入。这两种情形均为农民以土地承包经营权,专业合作社或股份制企业以资金,农业技术人员以技术等生产要素入股,形成根扎于农村的混合所有制企业,在现代企业制度基础上决定经营方式和各利益主体的收益分配方式。

土地股份制合作作为一种制度创新,不仅是把分散甚至是荒芜的土地集中起来,发展土地的现代经营,还是把农村的各种生产要素整合起来,将中国农村土地由自然状态向资本状态转变,农户通过股权分配的方式分享农村土地市场化所带来的增值收入,并分担相应的风险,从而减少了土地流转过程中各方的利益冲突。

山东省宁阳县探索土地承包经营权流转新机制,建立起"股份+合作"的土地流转分配方式。这种模式是农户以土地经营权为股份共同组建合作社。村里按照"群众自愿、土地入股、集约经营、收益分红、利益保障"的原则,引导农户以土地承包经营权入股。合作社按照民主原则对土地统一管理,不再由农民分散经营。合作社挂靠龙头企业进行生产经营。合作社实行按土地保底和按效益分红的方式,年度分配时,首先支付社员土地保底收益每股(亩)700元,留足公积公益金、风险金,然后再按股进行二次分红。

(5)农用地经营权信托式流转

农地经营权信托式流转是把集体土地的承包经营权变成可以保值增值的证券化资产,其收益组成为"基本地租+浮动收益"两个部分,使农民分享到土地增值收益和土地市场化成果。

从当前的实践来看,农村土地承包经营权信托式流转是农民在承包地确权颁证后,将农地承包经营权委托给当地政府,并由当地政府与信托公司签订土地信托流转协议,把农村集体土地集中托管给信托公司,信托公司再把集中后的土地出租给涉农企业。涉农企业进一步把土地分租给家庭农场主等新型农业经营主体,并进行统一管理,以期获得稳定的原料供应。

与其他流转方式相比,农村土地承包经营权信托式流转可以利用信托公司自身的资金优势为涉农企业、家庭农场主提供全程金融服务和生产服务,或者与农业生产经营企业、农业科技企业、现代农业示范园区合作,发展农业项目投资和农业基金等,为现代农业提供金融支持。

农用地经营权信托式流转仍处于探索阶段,政府应通过宏观政策引导农户、信托公司、各种涉农企业、家庭农场主、农业示范园区以市场为导向,解决农村土地流转信托面临的盈利模式不清晰、信托期限长、农业风险不可控等问题,而不是采取强制农民流转、决定土地流转价格等直接干预微观主体活动的措施。

综上所述,农村集体建设用地、农用地流转要分类实施,采用不同的模式;不同地域土地流转要结合实际,因地制宜,采用不同的模式。在坚持农村土地集体所有制的前提下,探索土地要素平等交换的多种方式,农民获取土地财产收益的方式将以租金或股息为基础,分享土地要素增值的好处。同时,摆脱土地束缚的农民还可以获取涉农或非农工资性收入,并由用工单位或政府解决社保等问题。需要特别指出的是,目前一些地区提出了"宅基地换住房,承包地换社保"的做法,这种做法实际上是以农民放弃农村宅基地、农村土地承包权为前提的,势必由于土地的高度集中,酝酿着巨大的社会乃至政治风险。同时它还将目前农村的土地改革与户籍制度改革混为一谈,户籍制度改革是建立城乡统筹的公共服务体系的一部分,不应该以剥夺农民手中的土地承包经营权与宅基地的使用权为前提。

第八章 结论和研究展望

  2018年中央一号文件《中共中央国务院关于实施乡村振兴战略的意见》提出了若干具体措施深化农村土地制度改革。自古以来,土地是农民的命根子,当前农村最重要的生产要素仍然是土地,新形势下,深化农村土地制度改革的主线仍然是处理好农民和土地的关系,保障农民的合法权益,通过完善产权制度盘活土地资源,是未来乡村实现振兴的关键。在党的十九大报告中,习近平总书记明确指出,保持土地承包制度稳定并长久不变,第二轮土地承包到期后再延长三十年。在十九届中央全面深化改革领导小组第一次会议上,习近平总书记再一次强调,宅基地制度改革不得以买卖宅基地为出发点,不得以退出宅基地使用权作为农民进城落户的条件。党和政府高度关注农民的权益,对农民的土地承包权和宅基地使用权予以双重保障。但随着社会的高速发展,城镇化的大步推进,现代的农民的生产生活方式发生了许多改变,农民有了更多的选择权和发展空间,农民和土地的关系也与昔日不尽相同。

  十九届中央全面深化改革领导小组第一次会议强调"不得以退出宅基地使用权作为农民进城落户的条件",这是对"农民变居民"不影响集体土地承包权、农村宅基地使用权、村集体经济分配权的郑重重申;多地取消农业户口,是户籍制度的重大改革,更旨在消除身份区别和歧视,打破依附在户口性质上的包括医疗、教育、住房保障等的差别待遇,实现公共服务均等化。"宅基地制度改革不得以买卖宅基地为出发点",则为农村宅基地的盘活和使用设置了红线。这将对地方管理者构成有效约束,避免宅基地被资本投机觊觎和侵蚀。同时,政策又具有灵活性。农民可以出租闲置的宅基地,以宅基地使用权入股,使宅基地成为农民的又一项可持续财产性收入来源。土地要素作为当下农民的重要生产要素,其是否能够实现平等交换,会直接影响农民的合法权益。本书旨在研究土地要素平等交换对缩小城乡收入差距的作用机理,通过研究,也得到了一些重要的结论,可作为深化农村土地制度改革的依据,从而保障农民的正当权益,缩小城乡间的发展差距,实现公共服务均等化。

一、主 要 结 论

笔者阅读了大量的文献，进行了相关理论的整理和积累，在此基础上进行了系统的分析和研究，明确了研究的目标、重点和难点所在。本书包含了一系列规范分析与实证分析、理论分析与数量经济分析，紧紧围绕农村土地要素平等交换对缩小城乡收入差距的作用机理这一中心，系统介绍了国内外有关土地要素交换和城乡收入差距的理论，分析了当前我国城乡收入以及农村土地要素交换的现实状况，探讨了农村土地要素平等交换对缩小城乡收入差距的作用机理，并通过模型实证分析了土地要素平等交换对缩小城乡收入差距的影响，同时对典型国家土地要素交换缩小城乡收入差距的做法及特点进行经验总结，得到启示。最后对我国土地要素平等交换下缩小城乡收入差距的路径选择提出了对策和建议。

本书认为影响城乡收入差距的因素有户籍制度、土地产权制度、土地市场化、人力资本以及经济增长。城乡收入的巨大落差已经给我国社会经济的发展造成了许多负面影响，这主要体现为经济风险、社会风险和生态风险。土地要素的交换形式对城乡收入差距有显著的影响。当下我国土地要素交换存在土地流转主体、流转行为、流转结果的众多混乱，可通过分类指导，统一政策口径，充分发挥村民自治作用，从而增强农村土地确权的执行力；通过建立规范的农村土地流转的专职机构，赋予一定的执法权限，加强对土地流转经营主体的财政金融支持力度，鼓励土地流转规模化发展，逐步健全土地流转机制。

本书构建了基于弓弦箭靶的土地要素平等交换理论模型，土地是一切活动的载体，是弓；土地要素交换活动是主要事件，是箭；保障机制是服务于箭头方向性的定位器，是弦；土地要素平等交换是最终目标，是靶。该理论指出土地是一种特殊的商品，其要素交换活动受到本身属性、国家宏观调控以及市场调节因素等多方面的影响，为确保土地要素交换活动顺利进行，应从政策、法律法规、市场规范性以及金融支撑体系等角度构建土地要素平等交换的保障机制，最终实现土地要素平等交换。土地要素平等交换对缩小城乡收入差距具有显著作用。基于收入分配效应理论，土地要素平等交换对缩小城乡收入差距的作用机理主要有财产增值效应、社会福利平衡效应、要素收入规模效应以及收入初次分配效应。

在构建弓弦箭靶的土地要素平等交换理论模型以及对土地要素平等交换

对缩小城乡收入差距的作用机理的分析基础上,在有效解决土地公平交换度的科学测度问题后,通过建立多元回归模型,考察了土地市场化水平对以城乡收入比衡量的收入差距的影响大小、方向及显著性水平。该实证分析结果认为:现阶段政府获得的土地增值收益不仅包括其应得的自然增值收益,还包括因垄断、外部性等市场失灵因素导致的价格扭曲增值收益。土地价格扭曲越大,政府获得的增值收益比重就越高。实践中很难精确分离出土地增值中的自然增值和价格扭曲部分,两者夹杂在一起。正因为技术上的不可分割性,政府得以在"涨价归公"的幌子下,利用法律赋予的征地垄断权力侵蚀农民利益,攫取土地非农化过程中绝大多数的增值收益,使土地要素不平等交换成为城乡收入差距扩大的重要原因;现阶段我国城乡发展不平衡,城乡收入差距扩大,很大程度上是城乡土地资源要素交换不平等造成的,城乡要素平等交换已成为统筹城乡发展的核心问题。

在理论模型构建以及作用机理和实证分析的基础上,本书最后从多个方面给出了在土地要素平等交换下缩小城乡收入差距的路径选择:

(1) 路径选择的制度保障。主要从产权制度、主体制度、分配制度以及救济制度四个方面给予保障。产权制度保障的核心是理顺农村土地产权关系,保障农民的土地权益,这是土地要素平等交换的制度起点,具体做法有落实集体所有权、稳定农户承包权、放活土地经营权。主体制度保障的要点在于完善农村土地流转的主体参与制度,充分尊重农户在土地流转中的自主权,这是农村土地要素平等交换制度的立足点,其内容包括加强信息公开制度,确保农村集体经济各组织成员的知情权,健全农村集体经济各组织成员的决策参与机制和利益表达机制,建立和完善土地流转的监督机制。分配制度保障的焦点在于建立公平的土地流转收益分配制度,确保农户在土地流转中的收益权,实现城乡土地同权同价,这是土地要素平等交换的中心内容。救济制度保障的重点在于完善土地流转司法救济制度,有序解决农村土地流转纠纷,这是实现土地要素平等交换的保护伞。

(2) 路径选择的实践方式。农村土地流转包含征收和土地经营权的流转两个方面,前者是所有权的转变,后者是使用权的转移。无论何种土地流转都需要以土地确权为基础,建立健全土地承包经营权确权登记颁证制度是稳定农村土地流转的基础性实践工作;设立农村土地交易所和土地流转信息平台,是实现农村土地流转市场化的标志;通过探索农村宅基地与城市建设用地的置换,农村集体组织内部土地置换、出租、转包、股份合作流转、信托等多种土地要素平等交换的模式实现农民增收,缩小收入差距。

二、研究不足与研究展望

由于本书国内外研究起步均比较晚,同时由于研究问题的复杂性,某些方面还有待于开展进一步的研究:

(1) 本书构建了土地要素平等交换的理论模型,分析了土地要素平等交换对缩小城乡收入差距的作用机理,通过实证分析以期探讨缩小城乡收入差距路径的选择问题,得到了一些很好的结果。该问题的研究如能对土地要素交换进行情景仿真模拟,通过系统动态理论检测土地要素交换对城乡收入差距的正面效应和反制效果,会有更好的结果。

(2) 本书提及农村土地金融是土地要素平等交换的一种实现形式,但随着农业经营模式的改变,家庭联产承包责任制土地产权权能不足的弊端开始暴露出来,从而抑制了农村金融的发展。如何改善城乡二元金融结构,选择何种土地金融模式,从而更好地促进农村经济发展,缩小城乡收入差距的问题有待进一步研究。

(3) 我国耕地资源匮乏,人口众多,是世界上人均家庭土地经营规模较小的国家,这已渐渐不适应现代社会发展的需要,走农村规模化道路是现代农业发展的自身要求。如何科学衡量和确定土地经营的适度规模成为一个新的课题。

(4) 当前的政策环境已经为农业适度规模经营、土地稀缺资源的有效利用和优化配置创造了条件。当前经济体制改革的核心问题是要使市场在资源配置中起决定性作用和更好地发挥政府作用,农村各种资源要素都要进入市场,农村土地资源要通过市场机制实现应有的价值与优化配置,必须建立逐步摆脱行政对农村土地资源配置的新体制模式,关于新体制模式的探索和实践是一个长期的努力方向。

参 考 文 献

[1] Galor O, Zeira J, 1988. Income distribution and macroeconomics[J]. Review of Economic Studies, 60(1): 35-52.

[2] Greenwood J, Jovanovic B, 1990. Financial development, growth and the distribution of income[J]. Journal of Political Economy, 98(5): 1076-1107.

[3] Gyourko J, 1999. REIT vehicle: its value today and in the future[J]. Journal of Real Estate Research(9): 76-84.

[4] Henderson J V, Wang H G, 2007. Urbanization and city growth: the role of institutions [J]. Regional Science & Urban Economics, 37(3): 283-313.

[5] Kuznets S, 1955. Economic growth and income inequality [J]. American Economic Review (45): 1-28.

[6] Lewis W A, 1954. Economic development with unlimited supplies of labor[J]. Manchester School of Economics and Social Studies(22): 139-181.

[7] Lucas R E, 2004. Life earnings and rural-urban migration[J]. Journal of Political Economy, 112(1): 29-59.

[8] Mincer J, 1958. Investment in human capital and personal income distribution [J]. Journal of Political Economy, 66(4): 281-302.

[9] Mincer J, 1974. Schooling, experience and earnings [M]. New York: National Bureau Economic Research.

[10] North D C, 1981. Structure and change in economic history[M]. New York: Norton.

[11] Romer P M, 1986. Increasing returns and long-run growth [J]. Journal of Political Economy, 94 (5): 1002-1037.

[12] Rupelle M, Deng Q H, Li S, 2010. Land rights insecurity and temporary migration in rural China[M]. Bonn: Social Science Electronic Publishing.

[13] Schult T W, 1961. Investment in human capital [J]. American Economic Review(51): 1-17.

[14] Todaro M P, 1969. A model of labor migration and urban unemployment in lessdeveloped countries[J]. American Economic Review, 59(1): 138-148.

[15] Valsecchi M, 2014. Land property rights and international migration: evidence from Mexico

[J]. Journal of Development Economics,110(9):276-290.

[16] 白慧芳,曲直,吕之望,2012.基于收入构成的农民收入的地区差距及其演变[J].西安电子科技大学学报(社会科学版)(2):27-32.

[17] 白雪梅,2004.教育与收入不平等[J].管理世界(6):53-58.

[18] 本刊编辑部,2011.土地足迹:建党90年来中国土地制度的变迁[J].农村·农业·农民(7):20-23.

[19] 毕宝德,柴强,李玲,2001.土地经济学[M].4版.北京:中国人民大学出版社.

[20] 蔡昉,2005.农村剩余劳动力流动的制度障碍性分析:解释流动与差距同时扩大的悖论[J].经济学动态(1):35-39.

[21] 蔡昉,都阳,王美艳,2001.户籍制度与劳动力市场保护[J].经济研究(12):41-49.

[22] 藏波,杨庆媛,周滔,2012.国外农村土地证券化研究现状、前景及启示[J].中国土地科学,26(10):23-28.

[23] 曾犨,2015.关于土地流转信托业务模式和风险状况的初步研究:以"中信·农村土地承包经营权集合信托计划1301期"为例[J].消费导刊(9):162-163.

[24] 曾小溪,汪三贵,2015.城乡要素交换:从不平等到平等[J].中州学刊(12):39-44.

[25] 茶洪旺,和云,2012.中国经济发展中的隐忧:城乡居民收入差距扩大的效应分析[J].经济研究参考(10):44-50.

[26] 茶洪旺,明崧磊,2012.缩小城乡居民收入差距的国际经验比较与启示[J].中州学刊(6):30-35.

[27] 陈斌开,林毅夫,2012.金融抑制、产业结构与收入分配[J].世界经济(1):3-23.

[28] 陈斌开,张鹏飞,杨汝岱,2010.政府教育投入、人力资本投资与中国城乡收入差距[J].管理世界(1):36-43.

[29] 陈春节,佟仁城,2013.征地补偿的价格量化研究:以北京市为例[J].中国土地科学(1):41-47.

[30] 陈虹全,2009.我国城乡教育差距与城乡居民收入差距的实证研究[D].重庆:重庆大学.

[31] 陈利冬,2009.发达国家或地区的农地流转制度及其启示与借鉴[J].南方农村,25(2):42-45.

[32] 陈维君,罗军,谢霞,2009.中国现行土地制度变革的回顾和展望[J].企业家天下半月刊(理论)(6):267-269.

[33] 陈炜.铜陵农业循环经济试验区实施"1334"工程,发挥优势提升园区内涵与魅力[EB/OL].[2013-11-01].铜陵新闻网.

[34] 陈锡文,2013.农村土改不能突破三条底线[N].人民日报,2013-12-05.

[35] 陈祥帅,2012.美国土地流转政策及其启示[J].合作经济与科技(11):12-13.

[36] 陈晓安,2013.财政补贴后的农业保险对农民增收的效果[J].金融教学与研究(4):75-80.

[37] 陈英,2004.日本农地制度对我国农地制度改革的启示[J].学术交流(5):72-74.

[38] 陈玉江,2009.农村土地所有权主体制度的不足与完善[J].改革与战略,25(1):107-109.

[39] 程俊,2014.城镇化背景下广东农村居民财产性收入增长机制研究[D].广州:暨南大学.

[40] 程开明,李金昌,2007.城市偏向、城市化与城乡收入差距的作用机制及动态分析[J].数量经济技术经济研究(7):116-125.

[41] 楚德江,2016.农村宅基地退出机制构建:价值、困境与政策选择[J].内蒙古社会科学(汉文版),5(37):104-110.

[42] 戴燕燕,2011.浅谈我国农村宅基置换[J].中国城市经济(18):257-258.

[43] 邓大才,2003.试论土地承包权证券化[J].财经研究(4):48-54.

[44] 丁关良,童日晖,2009.农村土地承包经营权流转制度立法研究[M].北京:中国农业出版社.

[45] 丁琳琳,孟庆国,刘文勇,2016.农村集体建设用地入市的发展实践与政策变迁[J].中国土地科学(10):3-10.

[46] 丁文恩,2011.农村居民收入结构解析与增收路径[J].特区经济(7):171-173.

[47] 董志凯,2011.百年中国土地制度变迁[J].人民论坛(28):56-57.

[48] 杜会石,孙艳楠,李天祺,等,2014.国外农村土地流转政策浅析[J].世界农业(12):147-149.

[49] 杜小伟,2005.论新中国成立以来中国土地制度的第四次改革[J].重庆邮电学院学报(社会科学版),17(5):664-668.

[50] 杜长乐,2004.农村土地使用权流转:必须坚持的农地改革取向[J].农村经济(7):17-20.

[51] 范恒森,1995.土地证券化与中国农业发展[J].经济研究(11):68-71.

[52] 范怀超,2010.国外土地流转趋势及对我国的启示[J].经济地理,30(3):484-488.

[53] 冯飞,姬雄华,2010.基于农村居民家庭收入来源构成的人力资本形成分析[J].江苏农业科学(6):602-604.

[54] 高圣平,2014.农地金融化的法律困境及出路[J].中国社会科学(8):147-166.

[55] 高圣平,刘守英,2007.集体建设用地进入市场:现实与法律困境[J].管理世界(3):158-159.

[56] 高杨,2012.农村土地流转的国际经验及对中国的启示[J].世界农业(1):45-49.

[57] 高永生,朱连奇,2009.农地流转制度的创新思考:土地银行[J].安徽农业科学,37(30):14932-14933.

[58] 高志仁,2008.农民财产性收入与城乡差距[J].经济科学(4):124-128.

[59] 宫汝凯,2012.分税制改革、土地财政和房价水平[J].世界经济文汇(4):90-104.

[60] 龚汗青,段建南,徐洁,2014.日本土地利用分类研究及启示[J].山东农业科学(5):153-156.

[61] 龚继红,钟涨宝,孙剑,2008.论近现代日本农地流转过程、政策和措施[J].生产力研究(9):97-99.

[62] 关浩杰,2013.收入结构视角下我国农民收入问题研究[D].北京:首都经济贸易大学.

[63] 关娜,2013.马克思劳动力价值理论在当代中国的新境遇[D].南京:南京航空航天大学.
[64] 郭德宏,梁尚贤,1983.试论大革命时期的土地斗争[J].历史研究(2):178-192.
[65] 郭剑雄,2005.人力资本、生育率与城乡收入差距的收敛[J].中国社会科学(3):27-36.
[66] 郭剑雄,2005.人力资本、生育率与城乡收入差距的收敛[J].中国社会科学(3):37-38.
[67] 郭明浩,2014.论农村宅基地自由流转的必要性和可行性[J].安徽农业科学(29):10352-10355.
[68] 韩家彬,等,2011.经济权利与我国城乡收入差距:基于省级面板数据的经验分析[J].东北大学学报(社会科学版)(1):23-28.
[69] 韩金博,史佳林,2017.集体建设用地流转模式研究[J].天津农业科学,23(4):34-37.
[70] 韩俊,2004.尊重农民的土地财产权[J].理论视野(3):9-10.
[71] 韩俊,等,2012.中国农村改革(2002~2012):促进"三农"发展的制度创新[M].上海:上海远东出版社.
[72] 韩长赋,2012.谈农民工问题及建立新型城乡关系[N].学习时报,2012-07-16.
[73] 韩长赋,2016."三权分置"激活农地金融[N].农村金融时报,2016-11-18.
[74] 侯风云,张凤兵,2007.农村人力资本投资及外溢与城乡差距实证研究[J].财经研究(8):118-131.
[75] 胡鞍钢,胡联合,2005.转型与稳定:中国如何长治久安[M].北京:人民出版社.
[76] 胡军建,2013.重庆市缩小城乡居民收入差距的对策研究[D].重庆:西南大学.
[77] 黄晶,2014.国外农业现代化进行中土地流转制度对中国的启示[J].世界农业(9):1-5.
[78] 黄守宏,1994.论市场经济条件下农业的基础地位[J].经济研究(1):24-30.
[79] 黄应绘,田双全,2011.中国城乡收入差距对社会稳定的效应分析:1986~2008[J].统计与决策(11):105-108.
[80] 纪晓丹,2009.我国居民收入及收入结构变动研究[D].上海:上海师范大学.
[81] 季玉章,1989.试论解放战争时期的土地改革及其作用[J].南京农业大学学报(社会科学论文专辑),12(s1):11-16.
[82] 江一涛,2010.中国省际城乡收入差距的收敛性及其非线性:基于动态面板模型和门限模型的研究[J].当代财经(6):19-25.
[83] 姜爱林,2001.略论解放战争时期我党的土地政策[J].北华大学学报(社会科学版),2(3):23-25.
[84] 姜俊吉,周楚卿.侯浙珉:三方面推进铜陵新型城镇化建设[EB/OL].[2014-03-05].新华网.
[85] 经济观察网.全国土地流转比例超过35%农村生产关系等待变革[EB/OL].http://finance.sina.com.cn/china/gncj/2017-09-30/doc-ifymkxmh8113096.shtml.
[86] 李家祥,2010.农村土地流转市场化建设国内外经验比较研究[J].改革与战略,26(9):185-188.

[87] 李杰,薛书婷,2017.农村集体建设用地入市改革风险及防范研究综述[J].理论视野(1):85-88.

[88] 李景华,2006.中国农村居民消费的实证分析[J].理论学刊(5):46-48.

[89] 李珂,高晓巍,2014.国外农村土地流转经验及启示[J].农村·农业·农民(12):27-28.

[90] 李犁,2015.我国农村土地流转对农民收入的增长效应研究[D].海口:海南大学.

[91] 李刘艳,2013.美日农地流转市场建设及对中国的启示:基于制度层面的分析[J].河南师范大学学报(哲学社会科学版)(2):127-129.

[92] 李孟显,2015.浅析河北省城乡居民收入差距变化及其对消费差距的影响[J].商(18):176-177.

[93] 李群峰,2014.农地市场化影响城乡收入差距的门槛效应分析:基于28个省份农地流转交易数据[J].农村经济(9):44-48.

[94] 李尚蒲,罗必良,2012.城乡收入差距与城市化战略选择[J].农业经济问题(8):37-42.

[95] 李实,1999.中国劳动力流动与收入增长和分配[J].中国社会科学(2):16-33.

[96] 李停,吴杨,2016.土地要素公平交换对缩小城乡收入差距的实证研究[J].山东农业大学学报(哲学社会科学版)(3):24-30.

[97] 李贤,2009.公平分配视角下中国城乡居民收入差距问题研究[D].石家庄:河北师范大学.

[98] 李宪印,2011.城市化、经济增长与城乡收入差距[J].农业技术经济(8):50-57.

[99] 李勋来,李国平,2005.劳动力转移模型及实证分析[J].财经研究(6):78-85.

[100] 李玉,孔德民."中国城市绿色城镇化指数"发布[EB/OL].[2014-05-20].中国社会科学网.

[101] 李珍贵,2001.美国土地征用制度[J].中国土地(4):45-46.

[102] 厉以宁,2011.必须让农民拥有房屋产权价[N].广州日报,2011-09-29.

[103] 厉以宁,2013.缩小城乡收入差距 促进社会安定和谐[J].北京大学学报(哲学社会科学版)(1):8-10.

[104] 林乐芬,顾庆康,2015.农村土地股份合作社发育类型及其绩效评价[J].中国土地科学(12):34-41.

[105] 林玉妹,2005.土地征收范围和补偿机制的国际比较及启示[J].福建省社会主义学院学报(1):66-71.

[106] 刘纯彬,陈冲,2011.影响农村居民消费行为的收入结构效应分析:基于我国1997～2009年面板数据的实证检验[J].天府新论(4):43-48.

[107] 刘东明,黄国雄,2001.农业产业化与农产品流通[M].北京:中国审计出版社.

[108] 刘广东,程久苗,2007.1949年以来中国土地制度变迁的理论和实践[J].中国农村观察(2):70-80.

[109] 刘华,2015.新型城镇化进程中农村土地制度改革:何去何从——基于不同地区创新模式

的比较[J]. 上海国土资源,36(1):10-15.

[110] 刘君,2014. 新民主主义革命时期中国共产党农村土地政策的历史演进及当代启示[D]. 济南:山东大学.

[111] 刘莉君,2011. 农村土地流转模式的绩效比较研究[M]. 北京:中国经济出版社.

[112] 刘明辉. 开着车去田间地头:在铜陵三泉现代农业开发公司看机械化种田[EB/OL]. [2011-12-03]. 铜陵新闻网.

[113] 刘锐君,2011. 中国城乡收入差距成因的模型解释[J]. 统计与决策(16):104-106.

[114] 刘守英,2008. 中国的二元土地权利制度与土地市场残缺:对现行政策、法律与地方创新的回顾与评论[J]. 经济研究参考(31):2-12.

[115] 刘淑春,2008. 改革开放以来中国农村土地流转制度的改革与发展[J]. 经济与管理,22(10):23-27.

[116] 刘为勇,2004. 中国城乡收入差距的程度、原因与政策调整[J]. 农业经济问题(3):56-58.

[117] 刘文忻,陆云航,2006. 要素积累、政府政策与我国城乡收入差距[J]. 经济理论与经济管理(4):13-20.

[118] 刘喜堂,李辉,2015. 精准化科学化规范化:《民政部国家统计局关于进一步加强农村最低生活保障申请家庭经济状况核查工作的意见》解读[J]. 中国民政(6):42-43.

[119] 刘玉荣,2008. 美国、日本农地流转制度比较及对我国的启示[J]. 农村经济与科技,19(11):18-19.

[120] 刘章发,2011. 城乡收入差距扩大实证分析及对策探析[J]. 农业经济(7):80-81.

[121] 吕可,2012. 财产性收入研究进展分析与评价[J]. 财政监督(4):65-68.

[122] 吕晓,牛善栋,张全景,等,2015. 基于内容分析法的集体建设用地流转政策演进分析[J]. 中国土地科学(4):25-33.

[123] 马喜珍,2013. 发达国家农村土地流转实施经验分析及借鉴[J]. 世界农业(1):44-47.

[124] 马贤磊,曲福田,2006. 经济转型期土地征收增值收益形成机理及其分配[J]. 中国土地科学(5):2-6.

[125] 马晓春,2010. 中国与主要发达国家农业支持政策比较研究[M]. 北京:中国农业科学出版社.

[126] 毛田田. 截至2016年年底,土地经营权流转的面积达到4.7亿亩,占整个二轮承包面积的35.1%[EB/OL]. http://yc.sxgov.cn/content/2017-11/17/content_8429077.htm.

[127] 毛泽东,1991. 毛泽东选集:第1卷[M]. 北京:人民出版社.

[128] 美国2005财政年度农业预算及农业预算管理概况[EB/OL]. [2005-05-17]. http://finance.sina.com.cn/roll/20050217/23081364477.shtml.

[129] 美国发展现代农业的经验及其借鉴意义[EB/OL]. [2010-04-29]. http://wenku.baidu.com/view/98ea2e6baf1ffc4ffe47acd7.html?re=view.

[130] 美国联邦政府出资61580万美元用于农村水利项目[EB/OL]. [2009-05-27]. http://

news. h2o-china. com/html/2009/05/805101243388602_1. shtml.

[131] 莫壮才,2008.对日本农业政策性金融体制的若干观察与思考[J].农业发展与金融(12):46-51.

[132] 囡丁,2013.浅谈农民收入[J].中国畜牧业(1):44-46.

[133] 宁光杰,2009.教育扩张能改善收入分配吗?:来自CHNS2006年数据的证据[J].世界经济文汇(1):1-14.

[134] 彭剑君,辛祥晶,等,2011.我国城乡居民收入差距的趋势及影响因素分析[J].统计观察(15):91-93.

[135] 彭开丽,张鹏,张安录,2009.农地城市流转中不同权利主体的福利均衡分析[J].中国人口·资源与环境(2):137-142.

[136] 彭致强,徐志强,2016.宅基地流转法律机制研究[J].中国不动产法研究(2):140.

[137] 蒲坚,2014.解放土地:新一轮土地信托化改革[M].北京:中信出版社.

[138] 漆玲,2010.我国农村居民消费现状及增长研究[D].南昌:江西财经大学.

[139] 钱敏锋.美国农业部拨款支持农村网络建设[EB/OL].[2010-02-09]. http://www. cnii. com. cn/20080623/ca611426. htm.

[140] 钱忠好,2004.土地征用:均衡与非均衡——对现行中国土地征用制度的经济分析[J].管理世界(12):50-59.

[141] 钱忠好,牟燕,2013.土地市场化是否必然导致城乡居民收入差距扩大[J].管理世界(2):78-89.

[142] 钱忠好,牟燕,2013.土地市场化是否必然导致城乡收入差距扩大:基于中国31个省(自治区、直辖市)面板数据的检验[J].管理世界(2):78-89.

[143] 乔海曙,陈力,2009.金融发展与城乡收入差距"倒U"形关系再检验:基于中国县域截面数据的实证分析[J].中国农村经济(7):68-76.

[144] 乔海曙,陈力,2009.金融发展与城乡收入差距"倒U"形关系再检验[J].中国农村经济(7):68-76.

[145] 尚晓贺,2015.要素交换不平等与城乡居民收入差距[J].上海经济研究(8):55-63.

[146] 申燕君,2011.农村土地交易所与农村土地流转研究[J].东方企业文化(18):178-179.

[147] 沈韦林,2007.我国农村金融与农民收入增长的关系研究[D].重庆:重庆大学.

[148] 盛向锋.铜陵市农村土地耕地流转率持续保持全省前列[EB/OL].[2014-07-31].铜陵新闻网.

[149] 盛艳,王桂华,等,2017.国外土地征收制度对我国征地制度改革的启示:以和林格尔县农村土地改革试点为例[J].中国国土资源经济(9):47-52.

[150] 孙君,张前程,2012.中国城乡金融不平衡发展与城乡收入差距的经验分析[J].世界经济文汇(3):108-120.

[151] 孙利,2006.从美国的土地利用和管制分析中国土地管理存在的问题及对策[J].国土资源(4):42-44.

[152] 孙照柱,2014.价格低迷药农受累,凤丹转型大战势在必行[N].铜陵日报,2014-06-03.

[153] 田光明,2011.城乡统筹视角下农村土地制度改革研究[D].南京:南京农业大学.

[154] 铜陵县农委.铜陵县农村土地流转工作指南[EB/OL].[2010-08-18].铜陵市政府网.

[155] 囤兴侠,戴媛媛,2010.日本农地制度的变迁对我国农地制度改革的启示[J].经济师(10):25-26.

[156] 王春雷,黄素心,2012.论城乡收入差距对居民福利的影响:基于公共品溢出效应的讨论[J].经济体制改革(2):16-20.

[157] 王聪聪,2011.扩大内需背景下河北省农村居民收入问题研究[D].保定:河北农业大学.

[158] 王德文,何宇鹏,2005.城乡差距的本质、多面性与政策含义[J].中国农村观察(3):25-37.

[159] 王非.安徽铜陵、定远土地流转现状调查[EB/OL].[2013-12-04].证券时报网.

[160] 王际鑫,2014.农村劳动力转移对农民收入的增收效应分析[J].经济师(8):94-95.

[161] 王静,2012.农村居民收入的不确定性及其对消费行为的影响[J].财经问题研究(3):123-128.

[162] 王珺,吴杨,王翠翠,2016.农村土地要素市场平等交换理论探析[J].铜陵学院学报,15(4):21-24.

[163] 王丽娟,黄祖辉,顾益康,等,2012.典型国家(地区)农地流转的案例及其启示[J].中国农业资源与区划,33(4):47-53.

[164] 王亮,陈忠明,张保花,2016.新型城镇化背景下农村土地流转制度改革:来自铜陵市义安区的实证研究[J].滁州学院学报(1):17-21.

[165] 王民忠,2002.制度创新向纵深推进:聚焦集体建设用地流转试点进展及制度设计[J].中国土地(11):8-12.

[166] 王平,黄小虎,2005.土地要素市场化与收益分享[J].中国改革(7):26-30.

[167] 王小华,温涛,2016.农民收入"超常规增长"的理论依据、积累效果与政策启示[J].西南大学学报(社会科学版),42(1):41-49.

[168] 王小鲁,樊纲,2005.中国收入差距的走势和影响因素分析[J].经济研究(10):24-36.

[169] 温铁军,2000.中国农村基本制度研究:"三农"问题的世纪反思[M].北京:中国经济出版社.

[170] 温铁军,2003.中国大陆的乡村建设[J].开放时代(2):30-39.

[171] 文兰娇,张安录,2017.论我国城乡建设用地市场发展、困境和整合思路[J].华中科技大学学报(社会科学版),6(31):74-81.

[172] 吴玲,周思山,周冲,2012.发达国家农村土地流转制度对我国的启示[J].宿州学院学报,27(1):18-23.

[173] 西奥多·舒尔茨,1992.论人力资本投资[M].北京:北京经济学院出版社.

[174] 谢冬水,2014.农地转让权、劳动力迁移与城乡收入差距[J].中国经济问题(1):49-59.

[175] 谢倩,杨波,2014.4家合作社联合生产经营,铜陵县首家农民专业合作社联合社成立

[N]. 铜陵日报,2014-01-28.

[176] 辛翔飞,秦富,王秀清,2008. 中西部地区农户收入及其差异的影响因素分析[J]. 中国农村经济(2):40-52.

[177] 熊红芳,邓小红,2004. 美国、日本农地流转制度对我国的启示[J]. 农业经济(11):61-62.

[178] 熊红芳,邓小红,2005. 美日农地流转制度的比较分析[J]. 生产力研究(5):157-158.

[179] 熊娟,陈晓暾,2015. 浅析劳动力流动的影响因素[J]. 企业导报(22):62-63.

[180] 徐汉明,刘春伟,2012. 农民财产性收入影响因素实证研究[J]. 商业研究(3):201-205.

[181] 徐文斌,2016. 我国现行土地征收制度改革新思路[J]. 农村经济与科技(4):30-31.

[182] 许经勇,2017. 论我国农村宅基地制度及其面临的问题与对策[J]. 学习论坛(1):33-36.

[183] 许克锡,2014. 2014年"基层科普行动计划",我市3单位1个人获得国家奖励补助[N]. 铜陵日报,2014-06-18.

[184] 杨爱文,2006. 美英日三国土地征用制度的启示[J]. 生产力研究(12):170-171.

[185] 杨秉珣,2015. 美国和日本的农用土地流转制度[J]. 世界农业(5):44-46.

[186] 杨红炳,2007. 发达国家平抑城乡收入差距的经验及其对我国的启示[J]. 河北理工大学学报(社会科学版),7(3):47-50.

[187] 杨继瑞,汪锐,马永坤,2011. 统筹城乡实践的重庆"地票"模式交易创新探索[J]. 中国农村经济(11):4-9.

[188] 杨菊花,2007. 重庆市城乡居民收入差距研究[D]. 重庆:西南大学.

[189] 杨孟禹,杨芳,2015. 城乡收入差距、要素流动与经济增长的再研究:以重庆市为例[J]. 软科学(8):71-76.

[190] 杨明洪,2003. 农业增长方式转换机制论[M]. 成都:西南财经大学出版社.

[191] 杨雅婷,2011. 城乡建设用地流转一体化市场构建研究[D]. 天津:南开大学.

[192] 野口悠纪雄,1997. 土地经济学[M]. 北京:商务印书馆.

[193] 尹云松,1995. 论以农地使用权抵押为特征的农地金融制度[J]. 中国农村经济(6):36-40.

[194] 尹子,2014. 大通镇四种模式加速土地流转[N]. 铜陵日报,2014-07-21.

[195] 于海琳,2013. 从收入来源看浙江农民消费行为的演变[J]. 安徽农业科学,41(4):1782-1784.

[196] 于海琳,吴韵琴,2012. 浙江省山区产业结构与农民收入问题研究[J]. 安徽农业科学,40(28):14096-14098.

[197] 臧志风,2003. 论生产要素按贡献参与分配[J]. 政治课教学(4):3-4.

[198] 张斌,2005. 发达国家促进农民增收的公共财政措施及启示[J]. 中国经贸导刊(14):35-37.

[199] 张大成,庞连华,2009. 论农村集体土地所有权主体制度的完善[J]. 公民与法(法学版)(10):17-20.

[200] 张海丰,2008. 论我国农村土地制度的历史变迁[D]. 桂林:广西师范大学.

[201] 张合林,2006.城市化进程中土地征用与流转制度创新研究[J].经济问题探讨(5):41-46.
[202] 张金艳,2009.美国农业基础设施建设的经验及启示[J].国际经贸探索(2):72-76.
[203] 张向达,张家平,2015.我国城乡收入差距对刑事犯罪率的非线性效应研究[J].财经问题研究(1):96-103.
[204] 张晓山,2006.中国农村土地制度变革的回顾和展望[J].学习与探索(5):172-179.
[205] 张晓山,2015.关于农村集体产权制度改革的几个理论与政策问题[J].中国农村经济(2):4-12.
[206] 张艺晟,曾福生,2015.国外农地抵押制度及经验启示[J].世界农业(1):67-71.
[207] 赵欢,2015.我国当前农村土地流转的财产性收入效应研究[D].石家庄:河北经贸大学.
[208] 甄华英,2008.美国土地征用补偿制度及其对我国的启示[J].辽宁行政学院学报,10(12):13-14.
[209] 中共中央,国务院.国家新型城镇化规划(2014～2020年)[EB/OL].[2014-3-17].人民网.
[210] 钟甫宁,王兴稳,2010.现阶段农地流转市场能减轻土地细碎化程度吗?:来自江苏兴化和黑龙江宾县的初步证据[J].农业经济问题,31(1):23-32.
[211] 周少甫,亓寿伟,卢忠宝,2010.地区差异、城市化与城乡收入差距[J].中国人口·资源与环境(8):115-120.
[212] 周世军,周勤,2011.政策偏向、收入偏移与中国城乡收入差距扩大[J].财贸经济(7):29-37.
[213] 周跃辉,2014.按权能分配农村集体土地增值收益论[D].北京:中共中央党校.
[214] 朱国庆,黄伟.栽下梧桐树,引得凤满村[EB/OL].[2013-03-26].铜陵市人大信息网.
[215] 朱晓渭,2007.农村土地流转制度创新与地方政府选择[D].西安:西北大学.
[216] 朱长存,马敬芝,2009.农村人力资本的广义外溢性与城乡收入差距[J].中国农村观察(4):37-46.
[217] 左义河,2011.中国城乡收入差距影响因素实证分析:基于收入来源视角[J].经济问题(9):40-43.

后　　记

本课题组负责的国家社会科学基金一般项目"土地要素平等交换对缩小城乡收入差距的作用机理及路径研究"(13BJY053),在课题组成员的共同努力下,于近日完成,并顺利通过验收,即将付梓。课题组广泛调研并查阅大量文献,经过4年的编写,终成其稿。

在课题组研究期间,铜陵学院党委书记丁家云教授、安徽财经大学副校长冯德连教授、广东金融学院马克和教授和铜陵市委政研室方元副主任给予了大力支持。课题组成员王亮、谢方、江六一、陈忠明、华欢欢、李停、冯德连、苏证山、王珺、王翠翠、张保花、凌晔、丁玉敏按课题组分工写作了本书的初稿,在此一并表示感谢。

课题组在调查研究的过程中,得到了浙江省湖州市政府办、德清县农委,安徽省铜陵市委政研室、市政府研究室、市农委、义安区农委,安徽省六安市农委、裕安区政协、石板冲乡政府,安徽省宿州市灵璧县农委、县旅游局等单位的大力支持和帮助,在此表达真诚的感谢!

在书稿定稿的过程中,得到了铜陵学院科研处张三宝博士的鼎力支持,在此表示衷心的感谢!

在研究与写作的过程中,本书引用了大量文献资料,因篇幅所限,未能在文后一一列出,在此向相关文献资料的作者表达真挚的谢意!

吴　杨

2019年9月

于铜陵学院翠湖校区